不会表达，你就输了

刘磊◎主编

 黑龙江美术出版社

图书在版编目（CIP）数据

不会表达，你就输了 / 刘磊主编 . — 哈尔滨：黑龙江美术出版社, 2019.5
 ISBN 978-7-5593-4937-8

Ⅰ.①不… Ⅱ.①刘… Ⅲ.①心理交往－语言艺术－通俗读物 Ⅳ.① C912.13-49

中国版本图书馆 CIP 数据核字（2019）第 090396 号

书　　名 / 不会表达，你就输了
BUHUI BIAODA NIJIU SHULE
主　　编 / 刘　磊
责任编辑 / 李文博
出版发行 / 黑龙江美术出版社
地　　址 / 哈尔滨市道里区安定街 225 号
邮政编码 / 150016
发行电话 /（0451）84270524
网　　址 / www.hljmscbs.com
经　　销 / 全国新华书店
印　　刷 / 永清县晔盛亚胶印有限公司
开　　本 / 880mm×1168mm　1 / 32
印　　张 / 6
版　　次 / 2019 年 5 月第 1 版
印　　次 / 2019 年 5 月第 1 次印刷
书　　号 / ISBN 978-7-5593-4937-8
定　　价 / 32.80 元

前　言

在日常生活中，我们会遇见一些非常"健谈"的人，说起话来滔滔不绝、没完没了。可是却没有一个"听客"能够自始至终听完他所讲的内容，甚至很多人仅仅听了几句就迫不及待地找借口离开了。

为什么会出现这样的情况？那是因为这个"健谈"的人根本就不会表达，他纯粹是为了说话而说话，几分钟甚至几十分钟都没法表达清楚他讲话的核心内容。这样的讲话不但浪费自己的时间，而且更浪费倾听者的时间。

这种"健谈"毫无疑问是不受人欢迎的，任何人只要听过他一次谈话，都不会有再次听他说话的欲望，甚至会远远地见到他就"仓皇逃窜"。

毫无疑问这个所谓的"健谈者"是一个沟通领域的失败者，他成了人们避之不及的"苍蝇"，被人们所厌恶，成为了一个被边缘化的人。可想而知，他的人生轨迹是灰暗的，成功很难会降临在他的身上。

想要不当失败者，那么就要学会"表达"，做一个以强大的语言、表情和动作来征服社会交际需要的人,以言之有物的话语,充满魅力的表情,激情四射的肢体动作感染身边的每一个人,成为人们眼中的"高光"人物,在成功的道路上昂首阔步。

目 录

第一章 赞美，用表达赢得好感 …………………………… 1

不妨适当说些赞美话 ………………………………………… 2
赞美之词需有感而发 ………………………………………… 4
让你的赞美之词自然流露 …………………………………… 7
赞美人时要别出心裁 ………………………………………… 10
善说恭维话，是处事的本领 ………………………………… 13
巧妙赞美能让需求得到满足 ………………………………… 18
借别人之口传播称赞之词 …………………………………… 20
领导的赞扬是下属最需要的奖赏 …………………………… 24
捧是"成己成物"的工具 …………………………………… 27
适合的"高帽"才有市场 …………………………………… 30

第二章 倾听，为表达获取信息 …………………………… 33

鼓励别人多讲话，是交谈的绝招 …………………………… 34
看透对方的方法，就是让对方多说话 ……………………… 37

用聆听分担别人的烦恼 ………………………… 40
做人要多听少说 ………………………………… 43
遵循"多说无益"的原则 ………………………… 46
集中精力去倾听 ………………………………… 49

第三章　委婉，让表达使人愉悦 ………………… 53

使用弹性语言，适当委婉和模糊 ……………… 54
说话委婉含蓄有利于人际交流 ………………… 57
形成融洽关系，才能达到目的 ………………… 59
说话的关键是让人内心愉悦 …………………… 61
言辞委婉巧求人 ………………………………… 63
不得不说的客套话 ……………………………… 65
说话具有模糊性 ………………………………… 68
看准时机巧插嘴 ………………………………… 71
把"谢谢"说得恰到好处 ……………………… 75
初次见面，谈话要讲究分寸 …………………… 78

第四章　策略，让表达事遂人愿 ………………… 83

策略对头，才能事遂人愿 ……………………… 84
凭借道义激对方，能取得好效果 ……………… 86
旁敲侧击点"要害" …………………………… 89
正话反说的说服技巧 …………………………… 93
不能直指缺点而不留情面 ……………………… 96

反击既要有力有据，又要富有涵养 …………… 99
用机智语言化解难堪 …………………………… 102
认清意图再开口 ………………………………… 105

第五章 思考，让表达充满智慧 …………… 109

开口之前要三思 ………………………………… 110
说话切莫"口无遮拦" …………………………… 113
时刻重视说话的礼貌 …………………………… 117
不触及对方"情感禁区" ………………………… 120
展露聪明须有"度" ……………………………… 123
玩笑开的要适宜 ………………………………… 126
拒绝是件很难的事 ……………………………… 129
发问也要讲技巧 ………………………………… 132

第六章 批评，用表达言明立场 …………… 135

批评是技术，更是艺术 ………………………… 136
批评方式要巧妙，保护对方自尊心 …………… 140
善于把握批评的艺术 …………………………… 142
批评的角度很重要 ……………………………… 146
批评要讲究方式 ………………………………… 149
用智慧应对懈怠，用批评表明立场 …………… 152
建议和批评是孪生兄弟 ………………………… 155
找到易于接受的批评方式 ……………………… 157

"当头棒喝"的必备条件 …………………………… 160

第七章 "谎言",用表达传递善意 …………… 163

用"谎言"给人铺台阶 …………………………… 164
甜蜜的"谎言"能让你收获颇丰 ………………… 166
高明的无效回答 …………………………………… 168
用好假设法 ………………………………………… 171
撒谎也要有智慧 …………………………………… 176
善意的谎言是高级智慧的体现 …………………… 179

| 第一章 |

赞美，用表达赢得好感

不妨适当说些赞美话

　　赞美他人要有的放矢，要敢于赞美他人，让不同的语言在同一个人的口中发挥不同的作用。

　　《论语》上说："人告之以过则喜。"实际上，恐怕只有孔子这样的圣贤才有如此雅量，一般情况下，普通人都不可能做到这一点。大家常说"良药苦口利于病，忠言逆耳利于行"，但真正能听得进逆耳忠言的我们要适当地赞美别人的优点长处。这种赞美必须是诚心的，而不是为了阿谀逢迎而故意夸大的虚假的赞美。交友时，说话如果能很好地运用这一条，对于朋友间的和谐大有裨益。所以说话时应当灵活，不妨适当说些赞美话。

　　或许，大家都以为恭维人乃是小人所为，大丈夫光明磊落，行正身直。事实上，我们都应该清楚一个道理，那就是枪炮或毒药可以杀死无辜的百姓，是因为它们被坏人利用了，而不是它们本身有什么不好。正如鸦片会使人丧命，是因为贩毒者利用了它，而在药店里，鸦片则又成为很好的麻醉剂和镇静剂，可以用它来解除病人的痛苦。明白了这个道理，我们就应该承认，恭维作为一种说话的方式，我们有权使用，而且如果我们用得恰当，会取得意想不到的效果。

　　赞美话并不是随便恭维，要注意对象和内容。任何人都在心底有一种希望，年轻人的希望是他自己，老年人则把希望寄托在年轻人身上。年轻人当然希望自己前途无量，宏图大展，所以赞美时便须点出几条，证明他是有潜力的。而老年人自知年老力衰，一切都已成为过去，所谓"好汉不提当年勇"，他们只希望后辈人能超过自己，创出更好的前程。所以，对老年人赞美时，不妨将着眼点放到他们的晚辈人身上，并将老年人与其晚辈比较，指出后辈的长处。这样抑老扬少的做法，不但不会引起老人的反感，相反他会很高兴。

　　对于不同职业不同文化程度的人，赞美也应有所区别。对待商人，如果赞美他才高八斗学富五车显然不行；而对文化人说他如何财源广进、财运亨通更是不妥；对于官员，你若说他生财有道，他定以为你是骂他贪污受贿。因此要注意区别，同时也还要注意掌握好赞美的分寸。

赞美之词需有感而发

赞美一个人不需要严肃得像做报告或写论文。赞美之词需要自然流露,需要在一定场景下有感而发,不要给人以"拍马屁"之嫌。

有一位颇具文才的作家叫霍尔·凯因。他的作品很有生命力,他出身卑微,只念了8年书就辍学找工作养家。不过,他很喜欢十四行诗和民谣,特别崇拜诗人但丁和欣赏罗塞迪的文学与艺术修养。

有一天,他一时兴起,写了一封信给罗塞迪,赞美他在艺术上的贡献。罗塞迪非常高兴,心想:"如此赞美我的人,一定也是很有才华的人。"于是就请霍尔·凯因来伦敦当自己的秘书。

这是凯因一生的转折点。自就任新职后,他和当时的文学家密切往来,得到他们的支持和鼓励,再加上自己不断的努力,不久,其文学名声便远扬各地。

诚心地赞美就有这样不可名状的威力。凯因的奉承可以说是说到了点子上。

在人与人的交往中,任何人都是喜欢被人奉承的,也喜欢自己奉承自己。

第一次世界大战结束时，德意志帝国惨败，德皇威廉二世顿时成为全世界都讨厌的人，连自己的国民也与他为敌。正当他准备亡命荷兰时，突然收到一位少年的来信，信中充满了一片稚子之情和赞美词："不论别人怎么想，我永远爱您！"

威廉二世看了这封信，异常感动，立刻回信给少年，希望能和他见面。少年的母亲带着他去见威廉二世，意外地促成皇帝和少年之母的一段美好姻缘。

任何人都不会拒绝别人真诚的奉承，包括领导。拿破仑对善于奉承的人很反感，这一点很多人都知道。有一个聪明的士兵却来到拿破仑面前说："将军，您最不喜欢听奉承话，您是真正英明的人啊！"拿破仑听后不仅没斥责他，反而十分自豪。

这位士兵对拿破仑的脾气秉性摸得很透，深知他讨厌奉承的话；但这位士兵又绝顶聪明，他准确地捕捉到了拿破仑的这一性格特点。

由此可见，奉承可以改善人与人之间的关系。实际上，世上没有人能对奉承无动于衷，只不过奉承技巧高低而已。大文豪萧伯纳曾经说过："每次有人捧我，我就头痛，因为他们捧得不够。"由此可见，高帽子人人喜欢戴，可是奉承却并非人人都会。

还比如，你见到一个四十多岁的人，就问："你三十几了？"他回答："不止，四十多了。"你赶紧说："怎么会，看上去这么年轻，顶多也只有三十几岁。"人人都希望自己看上去年轻。将人的实际年龄尽量说小一些，以赢得别人的欢心。同样的道理，为满足别人的一种虚荣心理，将他用的东西价钱夸大。比如别人穿了一件二百元的衣服，你就说："你这件衣服三百几啊？"对方说："没有，才二百多。"你就装吃惊地说："怎么会！这么好的衣服怎么也得三百多。"对方说："真的只有二百多。"这时你再感叹道："你真会买衣服，这么漂亮的衣服才花二百多！"如果你这样做了，相信效果肯定不错！

赞美人的方式是各种各样的，而且是千变万化的，在嬉笑怒骂间常可收到出奇的效果，从而增进与朋友间的友谊。而了解他人的心理则是赞美人获得成功的前提条件。因为是否了解他人的心理，决定了你的赞美是否恰当，成效是否明显，也是衡量你赞美人水平高低的标志。

赞美奉承成功的一个诀窍是，只有谙熟了对方心理，才能辨别其优缺，"顺藤摸瓜"，你的马屁才能准确定位，并尽可能触及其最美的那一部分。对方在欣喜之余，会视你为知己，继续向你袒露心怀，使你不断捕捉赞美的闪光点，你的赞美也才更加得体，游刃有余。如果不了解他人心理，你就不知道他有何可赞之处，更不知他需要什么。

当然，了解他人心理，不仅要抓住对方大致的心理活动，而且要于细微之处下功夫，利用细小的刺激来影响其特定情形下的心理，从而使你的赞美既巧收"润物细无声"之效，又有极强的针对性。

让你的赞美之词自然流露

有时一两句赞美人的话并不是要从对方那里得到些什么回报，它只是一种自然地流露，但却需要说出口，让别人去了解。因为你在世间不能成为一个孤独的行者，你需要他人的相伴。

生活中我们常常顾忌得太多，想法也很好却没有执行。总想夸别人几句以表达自己的敬意，却碍于情面或担心别人有想法而只好作罢。这样的例子太多了——

下属工作出色，你对他的表现很满意，真想好好地表扬他一番。可是，你怕他听了"翘尾巴"，怕从此失去应有的威严，于是你克制住自己，只是按部就班地向他布置下一个任务……

上司确实有魄力，处理问题正确果断，而且作风正派，身先士卒，你很想在共同享用工作餐时把大家对他的好评，包括你的肯定，直接告诉给他。但是，你怕这会被他视为别有用心，怕别的同事视你在"拍马屁"，更怕这会丧失了自我尊严，于是你将话咽了回去……

在楼门口遇上了邻居全家，老少三辈，全体出动，是去附近的小饭馆聚餐。看到他们那和谐喜悦的情形，你想跟他们说几句祝福的话，可是你想到人家平时并没有跟自己家说过什么吉利话，又觉得此时此刻人家也许并不会珍视你的友好表示，于是你只是侧身让他们一家走过，然后远远地望着他们的后背……

在商场购物，你遇上了一位服务态度确实非常好的售货员。当她将你购买的商品装进漂亮的塑料袋，亲切地递到你手中时，你本想不仅说一声"谢谢"，而且再加上几句鼓励的话，可是到头来你还是没说，因为你想着"我是'上帝'，她本应如此"，"反正总会有别的顾客表扬她"……

在研讨会上，遇上了你长期的对手，你们的观点总是针尖麦芒般互斥。然而，这回他的发言，尽管你仍然不能苟同他的论述，可是他那认真探索的精神，自成逻辑的推演，抑扬顿挫、流畅自如的宣讲，实在令你不能不佩服他的功力。在会议休息饮茶时，你真想走过去跟他说："虽然我不能同意你的观点，可是我的的确确愿意为了维护你的表达权，而作出最大的努力……"你都走到他跟前了，却又忽然觉得说这种话会招来误会，而且，你觉得这也实在并不是什么新鲜的话语，于是你开了口，没说出这样的话，却吐出了几句咄咄逼人"语带双关"的酸话……

人与人之间需要好话。非自我功利目的的好话，在这个世界上不是多了而是还很缺乏。因此你一定不要吝啬自己的赞美之词，将你的感激表达出来。

消除心头的疑虑吧！当你心头涌现了非自我功利目的、自然亲切、朴素厚实的好话时，不要犹豫，不要迟疑，不要退却，不要扭曲，要快把好话说出口！只要你确实由衷而发、充满善意、扪心无愧，你就大大方方、清清楚楚地把你那好话说出来。即使遇上了"狗咬吕洞宾"的情形，"好心换了个驴肝肺"，你也并无所失，因为你焕发着人性善的光辉，你把好话给予别人，即使是你的亲人，那也是必要的播种。一般来说，这世上的绝大多数人，是会接受你善意、爱意、亲合意向的种子。这种子落在他们的心田，多半会生出根，发出芽，开出花，结出果……这世界上，除非你是那样地坚强，那样地能耐寂寞，那样地不惧怕恶言恶语，到头来，你也还是需要来自他人的好言好语……

当然，善意的批评，恨铁不成钢的讽刺，乃至于义正词严的训斥，也可以被视为广义上的好话；并且，对民族公敌，对贪官污吏，对社会渣滓，不存在着跟他们说好话的问题。至于腹藏剑而口涂蜜，阿谀赞美，巧言取利，甜语凑趣……自然不能算是真正的好话。不过这都不包括在我们所说的范畴内。但即使是日日"司空见惯"，已被柴米油盐酱醋茶消磨了浪漫的夫妻，如果在一刹那间忽有好话涌上心头，请赶快把它说出口。这不仅绝不多余，甚至会成为你们携手共度岁月的重要黏合剂！

赞美人时要别出心裁

赞美一个人要有策略性的进攻手段，可以赞美他的一些"身外之物"，也可以赞美他一直不为人知却自以为得意之事。只有别出心裁，才能打动他的心。

A君是报社的编辑，长得很像一位电影明星。当他和朋友一起到酒吧时，首次见到他的女服务员，也都说他和电影明星长得很相像。通常，被认为与名演员相像，大都不会生气，但A君却因此而更加沉默了。

也许，女服务员在说这句半奉承、半开玩笑的话时，并无特别的含意，所以看到A君不高兴，一定感到非常奇怪。对以服务顾客为业的她们来说，我不得不说，这种赞美的方法实在很不高明。因为那位电影明星专饰冷酷反派的人物，因此别人说他们相像，虽是赞美他，却也等于指责了他的缺点。

赞美是门大学问，就像上述的例子，自认是缺点的事，反而受到夸赞，当然令他无法接受。所以，要引出对方更多的话题，必须很快看出对方希望怎么被称赞，然后再朝这一方面下手，一矢中的。也就是要满足对方。因此，在远未确定对方的喜好前，

第一章 赞美，用表达赢得好感

千万不要随意赞美对方，免得弄巧成拙，这是其一。

其次，如果对方满意你的赞美时，不要就此结束，应改变表达方式，再三地赞美同一点。因为仅仅一两次的赞美，会被认为是一种奉承，而重复的称赞，可信度会提高。所以，赞美对方时，一定要三思，并随时注意对方心情的变化。

赞美词是一把双刃利剑，在社交中，它能增进人际关系，也能破坏人际关系。适当的赞美，就像社交中的润滑剂；但过分的赞美，就会被对方认为你虚伪和别有用心而受到鄙视。

我们无须在对方的人品或性格上下功夫，最要紧的是，对其过去的事迹、行为或身上的装饰品等，即成型的具体事物，作适当的赞美。当你说"你真是位好人！"时，也许发于至诚，但在初次见面的短时间内，你又怎么知道呢？因此容易引起对方的怀疑和戒心。

如果夸赞对方的事迹或行为，情况就不同了。因为对既成事实的赞美，与交情的深浅无关，对方也较易接受。我们不必直接去赞美对方。只要作"间接的恭维"，于初次见面时就能收到效果。若对方是女性，那么她身上的衣服首饰，便是我们"间接恭维"的最好题材。

了解了这种"间接恭维"的效用后，与其毫无准备地去面对一位初识的人，倒不如事先准备"间接恭维"的材料。有了这种准备，对方往往会因你一句赞美词而毫无保留地打开心扉。

用"间接恭维"可以调动对方的情绪，更容易将对方带入话题。

不会表达，你就输了

不过，凡说恭维赞美的话一定要切合实际，到别人家里，与其乱捧一场，不如赞美房子布置得别出心裁，或欣赏壁上的一张好画，或惊叹一个盆景的精巧，你要毫无成见地欣赏别人的爱好和情趣。

主人爱狗，你应该赞美他养的一只狗；主人养了许多金鱼，你应该欣赏那些鱼的美丽。赞美别人最近的工作成绩，最心爱的宠物，最费心血的设计，是比说上许多无谓而虚泛的客气话要好得多。

特别关心别人的某一种事物，必使人在欣喜之外还觉感激。士为知己者死，女为悦己者容。钟子期死后，伯牙不再鼓琴，其感恩知己至如此甚者，不外子期能懂得欣赏他的琴声并给予其恰如其分的赞美而已。所以善于说话的人，每每因一句赞美的话说得适当，就为他的前途奠下了一个基础，这并非奇事。

从内心里说出的敬佩别人的话才有意思，如果对于对方不够了解，就不可盲目地恭维。不切实际的恭维很容易使人讨厌。

善说恭维话，是处事的本领

说恭维话要虚实并用，只要分寸得当，拿捏准确，绝对胜过千般哀求、万般奔忙。

人人爱听恭维话，人人都渴望得到别人的赞赏和好评。好听的话儿招人爱，这是人的天性。有的人词严义正，标榜自己不受恭维，愿听批评，其实这只不过是他的门面话，你如果信以为真，毫不客气地批评他的缺点，他表面上未必有所表示，内心却很不高兴，对于你的感情只有降低，绝不会增进。所以我们要运用兵法中的虚实之术，示假隐真，善说恭维话，这是处事的本领。

在催债活动中，我们可以根据人的这一天性，善于恭维债务人，从而收回欠款。

1994年5月，盛世食品厂与波奇食品工业供销公司签订一份价值50万元的进口白糖的购销合同。按合同规定，盛世食品厂付给波奇食品工业供销公司预付款共计20万元，盛世食品厂应在3个月内将波奇余款30万元全部付清，运输由波奇食品工业供销公司承担。

不会表达，你就输了

3个月后，盛世食品厂的欠款迟迟没有汇来。波奇食品工业供销公司这时正有几笔生意，需要大批资金投入，在这种情况下，盛世食品厂的欠款不还无异于雪上加霜。波奇食品工业供销公司虽几次函电催讨，但无济于事，于是，供销公司派出职工张某前往食品厂讨债。

张某先不着急立即去找盛世食品厂的厂长杨某，而是多方打听了解杨某的年龄、性格等情况，得知杨某并非还不了钱，而是希望拖延一天是一天，不想那么快还钱；杨某的儿子刚考上重点大学，杨某爱好广泛，特别喜欢书法，而且造诣颇深，在杨某家里还挂着他自己写的一些字画。张某得知这些情况后，对催债成竹在胸，已有全盘统筹规划。

张某打电话与杨某约定，在某日晚上张某将登门拜访。张某如期赶来，未曾落座，就问寒问暖，极其热情，似乎久别重逢，他乡遇故知。落座后，张某只字不提债务，反而跟杨某聊起了家常，问及家中儿女几个，现在境况如何？杨某一一予以回答，当说到儿子刚考上某重点大学时，杨某脸上泛起了层层笑意。这怎能逃过张某锐利的眼睛。张某说自己也有一个儿子，快高三了，可惜不成器，学习不好。张某言语间流露出对杨某有如此上进的儿子的羡慕之情，并耐心向杨某讨教如何教育子女的方法。杨某对此深有感触，侃侃而谈，流露出父母对儿子的拳拳教诲之心和望子成龙的期盼。张某不时对杨某的某些观点表示赞同，大发感慨。张某似乎不经意地抬了一下头，盯着墙上的书法一会儿，口中啧啧赞叹了几声，然后转过头来问杨某，这是谁人的墨宝？杨某连说:"过奖过奖",这是自己孩子的作品。张某又夸了几句,便说自己也酷爱书法,想请杨某指点一二。杨某看来了同行谈得更来劲了。两人越谈越投机,感情升温。到了适当的时候,张某委婉地说,公司目前十分困难,请杨某考虑一下债务问题,杨某欣然同意。

第二天,张某得胜回朝,追到了30万元的欠款。

然而也不要忘记,交往中人们更渴望坦诚相见,真情以待;更希望谦恭、诚实的交往。如果不分对象、不分时机、不分尺度,在交际中总是千方百计、搜肠刮肚找出一大堆好话或蘩词,就会常常事与愿违。有一位因不善交际而颇感痛苦的青年朋友诉苦道:他在与人交往时,总是竭力恭维、美言别人,谁知不少人却因此不愿与他深交,更谈不上说什么心里话,有的甚至以为他是个虚伪的人。为此他很感纳闷:为什么他竭力恭维别人,却得不到别人的理解呢?这是因为他没有把握好言语交往中虚实关系的缘故。

首先,要看恭维对象,因人而异。"到什么山,唱什么歌,见什么人,说什么话。"说话要根据交际对象的年龄、性别、职业、文化程度、社会地位和性格特征,因人而异,切不可随意恭维,尤其是新交,更要小心谨慎。比如,你对一位因身材过于肥胖而发愁的姑娘说:"你的身材实在是漂亮极了!"她一定会认为你是在取笑她而大为不悦;但如果对一个为自己的身材较好而感到自豪的姑娘说这句话,却可以使她增加对你的好感。还有不少人喜爱结交"道义相砥,过失相规"的"畏友",他们喜欢"直言不讳",你越指出他的不足,他越喜欢你,而你越恭维他,他却越讨厌你。同这类人交往,就应该"趋实而避虚"。不过这要在交往比较深的朋友中才能使用这种方法,避免犯"交浅而言深"的错误。

其次,要注意恭维的时机。古代兵法设计用谋,就是善于发现与捕捉事物发展变化之"机",说话也是这样。当你发现对方有值得赞美恭维的地方,就要及时大胆地赞美恭维,千万不要错过时机。若不失时机地恭维,只能南辕北辙,结果事与愿违。同时还要记住:当你的朋友发现他自己的某种不足而正想改正时,你却对他的这种不足之处大加赞赏,绝不会令你的朋友满意。"朋友有劝善规过之谊"的古训,也是交际中的一个准则。

再次要掌握分寸,不要弄巧成拙。不切实际的评价其实是一种讽刺。使用过多的华丽辞藻,过度的恭维,空洞的奉承,只能使对方感到不舒服,不自在,甚至难堪、肉麻,结果令人厌恶,适得其反。违心地迎合、奉承和讨好也有损于自己的人格。假如你对一位字写得比较漂亮的朋友说:"您写的字是全世界最漂亮的!"结果只能使双方难堪。但如果你换句话说:"您写的字的确很漂亮!"你的朋友一定会感到高兴,说不定还会向你介绍一番他练字的经过和经验呢。

在言语交往中要注意掌握虚和实的关系,该实则实,该虚则虚,同时要注意这种"虚"应建立在理解他人、鼓励他人、满足他人的正常需要的基础上,为人际交往创造一种和谐友好的气氛，虚中有诚，发自肺腑，情真意切。适度得体的恭维会句句暖人心，句句添友情。而带着不可告人目的曲意迎合是社交中为我们所不齿的。

巧妙赞美能让需求得到满足

社会分工越来越细，人们之间更加需要合作。在社会活动中，许多人都会遇到"求于人"的情况。怎样才能使你的需求得到满足，不至于被对方拒绝呢？这就需要你能够巧妙地运用赞美，将对方引入你设定的情景，在求与被求的双方心理上架设沟通的桥梁，然后提出你的要求，这样，就会使你的要求成功地得到满足。

如果你能很有兴致地与一个人谈论他的专长，或他所取得的成绩，或他所开展某项业务的辉煌时，你适时地提出与之相关的需求，在这样的时刻，他拒绝你的可能性最小，你的要求得到的成功率最大，这是经过心理学家及社会学家的实验所证明的。所以，当你有求于人时，就需要措辞得当，营造一个合适的氛围，使你的需求最大可能和最大限度地得到满足。

有位朋友金某，他认识许多学术界的泰斗，并能常常得到他们的指点。问及他们之间的相识，也是缘于赞美运用的得法。因为有很多人也曾拜访过这些大师，但往往谈不上几句便无话可说，很快被"赶"了出来，而他竟成为大师们的座上客，其中的

第一章 赞美，用表达赢得好感

奥秘自不待言。

作为准备在学术领域有所建树的金某，自然也很仰慕这些大师，他得知拜访这些人不易，每当第一次拜访某专家时，他先将这个人的专著或特长仔细研究一番，并写下自己的心得。见面之后，先赞扬其专著和学术成果，并提出自己的想法。由于他谈的正是大师毕生致力于其中的领域，自然也就能激起大师的兴趣，谈话双方有了共同话题。谈话中，金某又不失时机地提出自己不理解的地方，请求大师指点，在兴奋之际，大师自然不吝赐教，于是金某既达到了结交的目的，又增长了许多见识，并解决了心中存在的疑惑，可谓一举多得。

这里金某就在有求于人时，巧妙地运用了赞语。自己所称赞的，正是对方引以为豪并最感兴趣的，自然使对方高兴，使其心理得到满足，此时，金某的问题也就不成为问题。当然，这只是生活中的一个方面，如果运用恰当，在生活的方方面面，都能行得通。

初次见面，许多人除了几句客套话之外，便没有了下文，此时宜聊些对方的经历与辉煌，引起对方的兴趣，求人办事，就得乘虚而入。

借别人之口传播称赞之词

赞美是一种学问,其中奥妙无穷,但最有效的赞美则是在第三者面前赞美别人。这种方法不仅能使对方愉悦,更具有表现出真实感的优点。

秘密在告诉别人后就不成其为秘密。然而,我们却常在许多场合,听过或者说过"我告诉你一个秘密,你可不能再告诉别人!"我们总是天真地认为对方会保守秘密,绝不会再让他人知道,殊不知隐藏不住秘密是一般人的常情,而秘密终究会传到当事者的耳朵里。

倘若传递的事件有关个人的名誉时,其影响力之大将不可比拟。令人心悸的是,如果这秘密是恶意的抨击批评,在告诉他人时,连听话的也极有可能对你产生不安,怀疑你这种人在他处也会采取同样的行动来诽谤自己。至于传到当事者耳朵里的后果当然更不用说。

但是,如果以"我告诉你一个秘密,你可不能再告诉别人"的方式来间接表达赞美之词,是不是能获得比预期更好的效果呢?答案是肯定的。利用这种人性弱点,将称赞之词传出去,的

第一章 赞美,用表达赢得好感

确是恭维别人、尊重他人的良好方法。依据对心理学的研究,背后的称赞比当面的赞美更能获得他人的欢心。

张某和李某毕业于同一所重点大学,同年分配到某单位秘书处任秘书。工作三年后,处里有一个升任科长的名额。张某和李某各有所长,张某的专业能力非常强,但为人有点清高自傲,不擅与人交往;李某的专业能力虽然不如张某,却非常擅长与人打交道,并且特别注意在各种适当的场合宣传处长的能干和成绩。处长再三考虑后决定提拔李某。但张某心里很不平衡,因为他对李某十分了解,在上大学时,自己品学兼优,而李某却因多门考试不及格差点让学校勒令退学回家。可如今,无能的李某却要骑在自己头上指手画脚。张某想不通,就到局长那里越级告状。他哪里知道官场上官官相护,局长不但没有改变处长的决定,还将这件事透露给了处长。心胸狭窄的处长自然是怀恨在心,此后便处处给张某穿小鞋。

好听话谁都愿意听,表扬更是一种很让人陶醉的精神享受。聪明的你就不妨大方一点,多赞美别人吧。人们总是期望别人对他们能够有一个高度的评价,你对他们评价越高,他们对你的评价也就越高。而且,当你要收回他们的高度评价时,为了争取让你重新给予他们高度评价,他们会作出更大的努力。横扫欧亚大陆的一代战神拿破仑,非常精于此道。

据说,在一次防御作战时,意大利军团两个屡立战功的团队因士气不振而丢失阵地,拿破仑将这些表现动摇的士兵集合在一起,用悲伤和愤怒的声调说:"你们不应轻易丢掉自己的阵地,光荣的意大利军团士兵不应是这样的品质。"说着,他命令身边的参谋长在这两个团的军旗上写一句话:他们不再属于意大利军团。士兵们羞愧难当,哭着请求拿破仑暂时不要写这句话,再给他们一次立功赎罪的机会。此后的作战中,士兵中奋勇冲杀,终于保住了自己的荣誉。

赞扬是一种非常高超的控制人的手段,如果你经常发自内心地赞扬别人,你就为你能够对他们施加影响打下了基础,在这种基础形成后,你对他们的批评意见会对他们产生十分强烈而有效的影响。如果别人接受了你对他们的夸奖,即使你的意见听起来不是那么让人愉快,他们也会比较乐于接受你的意见。

人总是喜欢听好听的话,即使明知对方讲的是奉承话,心里还是免不了会沾沾自喜,这是人性的弱点。换句话说,一个人受到别人的赞美,绝不会觉得厌恶,除非对方说得太离谱了。假如有一位陌生人对你说:"我的朋友经常对我说,你是位很了不起的人!"相信你感动的心情会油然而生。因为这种赞美比起一个魁梧的男人当面对你说:"先生,我是你的崇拜者。"更让人舒坦,也更容易相信它的真实性。因为当你直接赞美下属时,对方极可能以为那是应酬话、恭维话,目的只在于安慰自己罢了。若是通过第三者的传达,效果便截然不同了。此时,当事者必然认为那是认真的赞美,毫无虚伪,于是真诚接受,感激不已。在深受感动之下,这位属下会更加努力工作,以报答你的"知遇"之恩。

事实上,在我们的周围,可把这种方法派上用场之处不胜枚举。例如父母希望孩子用功读书时，如果整天教训孩子，也很难说有多大效果，假如孩子从别人那里知道父母对自己的期望和关心，父母在自己身上花的心血，自然会产生极大的动力。

在待人处事中，当你评价下属的工作时，当然更可以使用此法。例如让下属的顶头上司说句好话，或故意在下属的妻子和朋友面前赞美他，这些方法都能收到相当好的效果。

试想一下，如果有人告诉你，某某人在你背后说了许多关于你的好话，你会不高兴吗？这种赞美，如果当着你的面说给你听，或许会适得其反，让你感到虚假，或者怀疑他是不是出于真心。为什么间接听来的便觉得特别的悦耳动听呢？那是因为你坚信对方是在真心赞美你。

领导的赞扬是下属最需要的奖赏

员工并不是生产的工具和赚钱的机器,除了物质追求外,还需要自尊和享受,所以,给他们适度的赞扬不仅可以达到沟通的目的,还可以促使他们工作更卖力气。

一份民意测验结果表明,89%的人希望自己能得到领导的好评,只有2%的人认为领导的赞扬无所谓。当被问及为什么工作时,92%的人选择了个人发展的需要。而人的发展的需要是全面的,不仅包括物质利益方面,还包括名誉、地位等精神方面,因为人们工作是为了更好地生存和发展,这就有金钱和职位等方面的愿望,但除此之外,人们更加追求个人荣誉。在单位里,大部分人都能兢兢业业地完成本职工作,每个人都非常在乎领导的评价,而领导的赞扬是下属最需要的奖赏。

在很多单位,职员或职工的工资和收入都是相对稳定的,人们不必要在这方面费很多心思。但人们都很在乎自己在领导心目中的形象问题,对领导对自己的看法和一言一行都非常细心、非常敏感。领导的表扬往往很具有权威性,是确立自己在本单位或本公司同事中的价值和位置的依据。

有的领导善于给自己的下属就某方面的能力排座次，使每个人按不同的标准排列都能名列前茅，可以说是一种皆大欢喜的激励方法。比如：小张是本单位第一位博士生；小王是本单位"舞"林第一高手；小郑是单位计算机专家……，人人都有个第一的头衔，人人的长处都得到肯定，整个集体几乎都是由各方面的优秀分子组成，能不说这是一个生动活泼、奋发向上的集体吗？

常言道：重赏之下必有勇夫，这是一种物质的低层次的激励下属的方法。物质激励具有很大的局限性，比如在机关或政府，奖金都不是随意发放的。下属的很多优点和长处也不适合用物质奖励。相比之下，领导的赞扬不仅不需要冒多少风险，也不需要多少本钱或代价，就能很容易地满足一个人的荣誉感和成就感，使其在精神上受到鼓励。

当你经过一个多星期的昼夜奋战，精心准备和组织了一次大型会议而累得精疲力竭时，或者经过深入虎穴取得了关于犯罪团伙的若干证据时，抑或经过深思熟虑而想出一条解决双方纠纷的妥善办法时，你最需要什么？当然是领导的赞扬和同事的鼓励。

如果一个下属很认真地完成了一项任务或做出了一些成绩，虽然此时他表面上装得毫不在意，但心里却默默地期待着领导来一番称心如意的嘉奖，而领导一旦没有关注不给予公正的赞扬，他必定会产生一种挫折感，对领导也产生看法，"反正领导也看不见，干好干坏一个样"。这样的领导怎能调动起大家的积极性呢？

领导的赞扬是下属工作的精神动力。同样一个下属在不同的领导指挥下，工作劲头判若两人，这与领导善用还是不善用赞扬的激励方法分不开的。

有些下属长期受领导的忽视，领导不批评他，也不表扬他，时间长了，下属心里肯定会嘀咕：领导怎么从不表扬我，是对我有偏见还是妒忌我的成就？于是同领导相处不冷不热，注意保持远距离，没有什么友谊和感情可言，最终形成隔阂。

领导的赞扬不仅表明了领导对下属的肯定和赏识，还表明领导很关注下属的事情，对他的一言一行都很关心。有人受到赞美后常常高兴地对朋友讲："瞧我们的头既关心我又赏识我，我做的那件连自己都觉得没什么了不起的事也被他大大夸奖了一番，跟着他干气儿顺。"互相都有这么好的看法，能有什么隔阂？能不团结一致，拧成一股绳把工作搞好吗？

捧是"成己成物"的工具

捧人不要天天进行,但也不能一点也不进行。正所谓:捧人不是万能的,不捧人却是万万不能的。

在与人套近乎时,常常要夸他几句或是"捧"他几下,捧人是为拉近人与人的心理距离,为求人办事提供便利。

乍一接触"捧"这个字,许多人觉得不顺眼,其实这只是心理作用,捧也就是宣传,宣传是政治家所谓的"捧";捧是广告,广告就是商人所谓的捧,不过商人的广告,是"自己捧自己"。

所谓捧,并不是瞎捧,也不是乱捧,要根据对方的实际情形来捧,因为每个人各有所短,也各有所长。普通人对于别人,只见其短处,不见其长处,且把短处看得很重大,把长处看得很平凡,所以往往觉得"欲捧而无可捧"之感,其实只要你先存着"人无完人"的思想,原谅他的短处,看重他的长处,可捧的地方多着呢!而且你捧某甲,并不表示欺世媚俗,只是要使大众注意甲的长处,也让甲对自己的长处因为大家的注意而格外爱惜,格外努力,做得比目前更好,所以你捧人家是"成物",反过来,受捧之人定会感激你,那么"成物"正是"成己",可见捧是

"成己成物"的工具，绝非卑鄙的行为。

从前有人以不随意捧人为正直的标志，这样的人到底正直与否尚待讨论，不过这种人眼高手低，心胸狭窄，这倒是不能否认的事实。眼界高，心胸窄的人必不十分得意，因为自己不得意，对于一般人多少也有仇视妒忌的成分，所以越发不肯随意去捧人。另外年轻人的不肯随意捧人，一是认为捧人便是阿谀谄媚，有损自己人格；二是自视太高，总觉得一般人都不在眼里；三是担心别人胜过了自己，弄得相形见绌。年轻人必须铲除这种不健全的心理，而用心研究如何捧人的方法，自然能体会出其中的奥妙。

捧人的方法很多，其中最不得要领的是，对着某甲一个人捧某甲，因为这样做，大多数人不会领受这一套。应该当着大家的面来捧某甲，把他的长处作一次义务宣传，这样某甲一定很高兴，而且只要捧得不过火，大家也不会觉得你在"拍马屁"。另外一种办法，就是在某甲的背后，大力宣扬他的长处，使听到的人对某甲产生好印象，这样事后间接传回某甲的耳中，效果自然比当面捧他更有力，将来一遇上机会，某甲一定也会回敬你，把你大捧一番。

正所谓"我捧人一分，人捧我十分"。常言道：有钱难买背后好，可见一般人更重视背后捧，这也是人之常情。如果你会写文章，写文章更是捧人的绝招，一有机会就把某甲的长处作为你文章的例子，并附上他的真实姓名。如此，你的文章有多少人读，便有多少人捧他。你捧的某甲会是多么高兴、多么得意，对你的感激之情，那还用说吗？联络感情，原不是件容易的事，用捧来联络感情，是最简便有效的方法，而且就道德而论，还正是与古人扬善之旨不谋而合。

适时捧人并不是"长他人志气，灭自己威风"。一般人对自己，唯恐身价不高；对别人，则是吹毛求疵。人与人之间互相"求疵"，结果只能打消了自抬身价的成绩。如果大家都肯长他人志气，就等于大家在长自己的志气，绝不会灭你自己的威风，这不是两全其美的事情吗？

不会表达，你就输了

适合的"高帽"才有市场

人人都需要一顶高帽，但并不是所有的高帽都是一种形式。只有既好看又不被风刮倒的高帽，才能有市场。

在现实的交往中，大凡向别人敬献谄媚之词的人，总是抱着一定的投机心理，他们自信不足而自卑有余，无法通过名正言顺的方式博取对方的赏识，表现自己的能力，达到自己的目标，只好采取一种不花力气又有效果的途径——谄媚。

须知，恭维别人并不是轻而易举的事，所谓的"拍马屁""阿谀""谄媚"，都是技艺拙劣的高帽工厂加工的伪劣产品，因为它们不符合赞美和恭维的标准。

高帽尽管好，可尺寸也得合乎规格才行。滥做过重的高帽是不明智的。赞扬招致荣誉心，荣誉心产生满足感，但人们发现你言过其实时，常常因此感到受到了愚弄。所以宁肯不去恭维，也不宜夸大无边。

过分粗浅的溢美之词同时会毁坏你的名声，降低你的品位。不论用传统交际的眼光看，还是用现代交际的眼光看，阿谀谄媚都是一种卑鄙的行为。正人君子鄙弃它，小人之辈也不便明火执仗应用它,即使被人号称的"拍马行家"或"马屁精",也会对这种行为嗤之以鼻。孔老夫子有话:"巧言令色鲜矣仁。"毛泽东生前也多次批评过吹吹拍拍、拉拉扯扯的庸俗作风。可见,阿谀谄媚者,无仁无义、俗不可耐。

如何做好高帽呢?

恭维话要有坦诚得体的态度,而且要冲着对方得意之事发镖。

人总是喜欢奉承的。即使明知对方讲的是奉承话,心中还是免不了会沾沾自喜,这是人性的弱点。换句话说,一个人受到别人的夸赞,绝不会觉得厌恶,除非对方说得太离谱了。

奉承别人首要的条件,是要有一份诚挚的心及认真的态度。言词会反映一个人的心理,因而轻率的说话态度,很容易被对方识破,而产生不快的感觉。

恭维话不是廉价的商品可以随时随地乱扔,因为人们对一些廉价的东西是不会放在心上的。

对于不了解的人,最好先不要深谈。要等你找出他喜欢的是哪一种赞扬,才可进一步交谈。最重要的是,不要随便恭维别人,有的人不吃这一套。

高帽就是美丽的谎言。首先要让人乐于相信和接受,就不能把傻孩子说成是天才,那样会让人感到离谱;其次是美丽高雅,不能俗不可耐、低三下四,糟蹋自己也让别人倒胃口;再者便是不可过白过滥,毫无特点。

| 第二章 |

倾听，为表达获取信息

不会表达，你就输了

鼓励别人多讲话，是交谈的绝招

想要成为令人赏识的对象吗？想要成为领导的亲信吗？想要走出一条成功之路而不招致更多挫折吗？你只要做到——能管住自己的嘴巴，不乱说；能"洗净"自己的耳朵，会恭听就行了。

当人们想把自己的意见表达出来用以争取别人的认同时，往往会犯一个大毛病，那就是——说话太多，尤其是推销员最容易犯这种毛病。

所以有时你不妨试试这种办法，就是由自己提出问题，让对方畅所欲言。他对自己的问题，必然比你更清楚。所以你应主动先问别人问题，他一定会回答出一些你不知道的答案。

如果你不同意对方的观点，也不要忙着立刻打断他的话，这样做很冒险。因为当对方仍有意见尚未表达完整时，绝不会注意你说什么。所以最好维持良好的风度，耐心地仔细聆听，并且要鼓励对方充分表达他的意见。

有位在报社任职多年的小记者，后来成了一家大企业的公关主任，薪水上升了几倍。认识这位记者的人都知道，他不但身材矮小、嘴巴迟钝而且更没有任何耀人的学历。这样的人何以在数十个应聘者中脱颖而出呢？

原来他在接到面试通知时，立刻去图书馆资料室，查到了这家企业创办人的生平背景。

从背景资料中他发现这位企业负责人，早年进过牢狱，不过那些不足为外人道的事，这位记者都暗记在心。同时他知道这个大老板在出狱后，从一个路边的水果零售店起家，后来涉足建筑业，最后办成了现在的大企业。

这位记者在面谈时，故意装糊涂地说："我很希望在这样组织健全的大企业服务，听说您当年是只身下海闯天下，由一个小小的水果摊开始，到今日领导万人以上的企业，那是真的吗？"

那个大老板有段不堪回首的牢狱生涯，所以从不愿提起过去。不料这个记者能避开那面，直接把出狱后的创业和他南下闯天下连起来。这样他就能名正言顺地说起他的成功史，而且毫无愧色，甚至说得超过面谈时间，大老板还说得意犹未尽。

最奇怪的是，原本面谈应该是应聘的说，负责人听。具有讽刺意味的是，这位记者几乎不用说任何与将来有关的计划，甚至连自己那毫不傲人的学历也不用提到，只要当听众就行了。

听完大老板志得意满的一段话后，这位记者就换了工作，获得了人人称羡的地位。他用的方法和其他应聘者不同，他花时间去研究怎样能让大老板多讲话。从这个例子我们可以看到，鼓励别人多讲话，是交谈的一个绝招。

假如谈话的对方，不能自然地打开话匣子。你可用各种关键语，使对方的舌头润滑一点，这就是"打开交谈之扉"的秘诀。

不会表达，你就输了

每个人在找到体贴而值得信赖的听众时，都会想自我夸耀一番。即使是想和外人商量时，也只是希望获得安慰、鼓励、忠告，或突然想起某件事情。这时，你只要以一些轻微的身体语言，像皱皱眉、露出惊愕的表情，或发出叹息，便可得到他的信赖，开始把心中的话一股脑地倾诉出来。

你先确认谈话的主题，然后选择适当的钥匙，慢慢地插入锁孔，轻转一下，就可轻易地打开言语之前。成为关键的钥匙，不外乎是下面这些话："要不要帮忙？"

"是怎么回事？说给我听听。"

"我们好好谈一谈。"

"我想我能为你效劳。"

如此，善加引导对方步上自己铺设好的轨道，启开对方的话匣子。

什么叫具有领导才能，亲近下属的人？说白了，就是能让对方多讲话的人。

看透对方的方法，就是让对方多说话

　　静听他人说话，并不失时机地加入几句，可以让对方知无不言，言无不尽，而且自己还能获得让对方赞同自己的机会。

　　虽然从对方的行为态度中可以辨别出他的心意，但是看透对方的方法，最主要的还是让对方多说话，"言多必失"的另一种含义就是话多了就会暴露出他的真实想法。凡是善解人意的能手，都是借着相互间的交谈来透视对方。

　　有这样一位经理，他心存好意，请刘某到小吃店去喝酒，想要劝服刘某留下来，可是却没有收到效果。因为在会谈时，喝酒的目的是要使对方的心情放松，然后再引出他心中的话。可是经理一开始就在说教，自己这么严肃，叫对方如何能轻松得起来呢？而且在这种情况下，最忌讳的就是严肃的说教。

　　如果要听取对方的意见，应该以轻松的态度来交谈，我们可从旁引导，让对方有多开口说话的机会。对方肯说出他的意见，我们就能根据他的意见，去分析透视他的心意。

　　无论是怎样的话题，都应该让对方尽量去发挥，无论内容是否真实，我们都可引来作为判断的资料，资料越多，我们的判断就越正确。但是,这样做并不是叫你一句话也不说,只默默地去听对方说话,因为过分的沉默,会使对方不好意思继续说下去。我们的目的,在于要让对方痛痛快快地把话说出来,了解对方的心意,因此必要时,我们应想法把对方诱导到知无不言、言无不尽的境地。

不要使对方因为你的话而不能接着说下去。因此,我们开口发言时应多加斟酌。

每一个人都喜欢叙述有关自己的事,都想美化自己,也都想让对方相信自己的叙述;另一方面,每一个人又想探知别人的秘密,并且都想及早转告别人。这种现象,也许可以说是人的本性。"一吐为快"的心理,有时候会受到某种因素的限制,对方不敢大胆地说。遇到这种情况,我们应该想办法解除限制,这样,对方就会自动地说出心里话了,这就是所谓的"善解人意"。

偶尔听到部属结结巴巴向上司汇报事情的时候,如果上司很不耐烦地说:"好了,好了!不要结结巴巴的,有什么话赶快说。"那这位上司,真可以说是比封建时代的君主还要专制!

假如对方因为某种因素而说不出话时,你应该想办法去帮助他,使他很自然地说清楚才对。

真正巧妙地引导他人话题的方法,就是要了解对方说话的内容和趋向,然后从多方面协助他(就像向导一般地为他开路)使他的谈话能够流畅,最好在他做结论时,你就可以向他表示赞同。

"唔""对!""有道理"……这类口头语,不宜多用。有时故意质问或做轻微的反驳,也可激起对方的兴趣,使他滔滔不绝地说下去。

但是,真正会说话的人,在交谈中,不仅仅要求对方能畅所欲言,同时他自己在暗中还要把持着"领导"的地位;这也就是说,他一方面表示赞同,一方面适当地加以询问,然后把对方引导到预期的话题上来。他不会让对方发觉整个交谈过程都是由他操纵的。

有一位在新闻界很有名的记者,他的文章虽然不怎样,但是他的采访能力非常强,不管遇到什么难题,只要他去采访,对方就不得不说出真话来。据这位记者表示:"这并没有什么秘诀,只要能够充分了解对方的立场,把握好提问的方法,并配合自己的精力和耐力,再难的对手,我也不怕。"有一次,他这样说:"老实说,我只是站在伴奏者的立场来演出,只要伴奏得法,不善于唱歌的人也能唱得很好。"

善于听话的人就是这样,总是在有意无意中把对方诱导到自己喜欢的话题上来。

不会表达，你就输了

用聆听分担别人的烦恼

如果对方能倾吐不快心情，并且自己能对此给予安慰和解决，这种关系已不同一般，再让他办事已顺理成章。

在现实生活中，需要办的事情是各种各样的，因此可能接触的人也是各种各样，学会聆听他们的不快心情，则亲近关系会更进一层。大家的心中都可能隐藏着烦恼或不满之情，虽然只是暂时的，只要周遭的条件一改变，这些烦恼或不满还是会卷土重来的。因此，对于他人的不满或烦恼，我们务必要有以下的认识：情绪的不稳定大多发生在年轻人或女人身上，因人而有强弱的差异，所以出现在表面上的只是极小部分，大部分都在内心自行解决了。反观我们本身的经验，就可以了解这些情形。

首先回忆一下喝酒时的状况。你是和谁一起喝酒？或许有人始终是独酌，然而大部分的人都是和能接纳彼此内心的人共饮。和这种朋友畅饮时，或许你会比平常更爱发牢骚，而且朋友会认真地聆听，不太会批判或提出反论。

接着，回想你邀请部属喝一杯时的情景。在把酒笑谈间，你与部属谁有较多话呢？大致上都是你比部属更多话吧！而且，你谈话的内容大多为工作背后关系的说明或辩解，对部属意见的批判或说教等。

了解这些烦恼的情形，接下去就是调整不满与烦恼的具体政策了。

首先整理出自己必备的心理准备。其一，部属会怀着不满与烦恼是天经地义的事。其二，不要压抑不满与烦恼。领导者如果采取压抑的方式，则部属会把它们隐藏在心底，把不满袁露于外。其三，解决部属的不满与烦恼，是领导者的重要工作之一。其四，及早发现与及早解决。及早发现的重点，在于领导者要每天注意观察部属的言行举止。许多部属无法以言语来表达，往往将意念表现于态度上。所以，注意观察部属的日常行动乃为首要之务。最后，不要只以解决了部属的不满与烦恼为满足，还要运用到工作部门的改善方面。例如，将对工作的不满，运用来改善工作的处理方式。

接着，实际地聆听部属的不满与烦恼，然后汇整解决的具体方案。

首先，找个安静的不会受第三者干扰的地点。接着，设法使对方放松心情。专挑对方有兴趣的话题来闲谈，使气氛变得轻松一点，或是采取亲切的谈话方式。然后，领导者就彻底做个听众。偶尔附和几声或重复对方说的话，引出对方滔滔不绝的话题。回想喝酒时友人聆听的方式，以及与部属一起喝酒时，自己的发言与部属的反应。试着不要批判、说教或提出反论。

当部属表明不满时，不要囫囵吞下他所说的话，务必要查明事实。因为部属未必能正确地道出事实，或许是看法不同罢了。确认事实后，思考解决不满的方法，然后留意以下的要点，以便能正确地实施：反复聆听部属所说的话，尽可能诱导他本人找出解决的方法。就好比与朋友一起喝酒，一股脑儿倾诉心中的话，心情逐渐开朗，说着说着就想出解决方法一样。

能彻底地道出心中的话，烦恼与不满就已减轻了一半，所以倾诉是解决烦恼的策略之一。

实行解决方案：在实行解决方案之前，要仔细检讨对其他部属的影响。因为即使当事人的不满解决了，也可能引起其他部属新的不满。所以，在施行解决策略之前，要向当事人及其他关系者详细说明，并使他们理解，施行后勿忘继续追踪。

做人要多听少说

西方有句谚语说得好：上帝之所以给人一个嘴巴，两只耳朵，就是要人多听少说。

西方一位企业界人士说过："所以要讲究说话的技巧，是因为许多人常常不假思索就信口开河，因而导致种种不良的后果。"他还说："为了达到目的，说话时必须力求简单明了而且有说服力。但最重要的是，该说则说，不该说则不说，不了解的事就不该说，甚至突然想起的话题，也应该尽量避免向朋友提及。"

俗话说：一言可以兴邦，一言可以乱邦。所以老于世故的人，对人总是唯唯诺诺，可以不开口的，就尽可能做到三缄其口。

在现实中，正人君子有之，奸佞小人有之；既有坦途，也有暗礁。在复杂的环境中，不注意说话的内容、分寸、方式和对象，往往容易招惹是非，授人以柄，甚至祸从口出。因此，说话小心些，为人谨慎些，使自己置身于进可取、退可守的有利位置，牢牢地把握人生的主动权，无疑是有益的。一个毫无城府、喋喋不休的人，会显得浅薄俗气、缺乏涵养而不受欢迎。

不会表达，你就输了

随便说话的害处是非常多的。比如某君有不可告人的隐私，你说话时偏偏在无意中说到他的隐私，言者无心，听者有意，他会认为你是有意跟他过不去，从此对你恨之入骨；他做的事，别有用心，极力掩饰不使人知，如果被你知道了，必然对你非常不利。如果你与对方非常熟悉，绝对不能向他表明你绝不泄密，那将会自找麻烦。唯一可行的办法，只有假装不知，若无其事；他有阴谋诡计，你却参与其事，代为决策，帮他执行，从乐观的方面来说，你是他的亲信之士，而从悲观的方面来说，你是他的心腹之患。你虽然谨守秘密，从来不提及这件事，不料另有人识破机关，对外宣传，那么你无法逃掉泄密的嫌疑。你只有多多亲近他，表示自己并无二心，同时设法侦察泄露这个秘密的人；对方对你并不十分信任，你却极力讨好他，为其出谋划策，假如他采用你的话，而试行的结果并不好，一定会疑心你在有意捉弄他，使他上当，即使试行结果很好，他对你也未必增加好感，认为你只是偶然发现，不能算你的功劳，所以，你在这个时候还是不说话为好；对方获得了成功是由于采纳了你的计策，而他又是你的领导，那么他必然会怕好名声被你抢去，内心惴惴不安。你知道这一情况后，就应该到处宣扬，逢人便说，极力表示这是领导的计谋，是领导的远见，一点也不要透露你曾经出了什么力量。

你有得意的事，就该与得意的人谈；你有失意的事，应该和失意的人谈。说话时一定要掌握好时机和火候，不然的话，一定会碰一鼻子灰，不但目的达不到，而遭冷遇、受申斥也是意料中的事。有些奸佞小人，巧妙地利用了别人在说话时机、场合上的失误，拿他人当枪使，以达到损人利己的目的。

常言道："祸从口出"，为人处世一定要把好口风，什么话能说，什么话不能说，什么话可信，什么话不可信，都要在脑子里多绕几个弯子，心里有个小九九。害人之心不可有，防人之心不可无。一旦中了小人的圈套为其利用，后悔就来不及了！

每个人都有自己的秘密，都有一些压在心里不愿为人知的事情。同事之间，哪怕感情不错，也不要随便把你的事情、你的秘密告诉对方，这是一个不容忽视的问题。

你的秘密可能是私事，也可能与公司的事有关。如果你无意之中说给了同事，很快，这些秘密就不再是秘密了。它会成为公司上下人人皆知的事。这样，对你极为不利，至少会让同事多多少少对你产生一点"疑问"，而对你的形象造成伤害。

还有，你的秘密，一旦告诉的是一个别有用心的人，他虽然不一定在公司立即进行传播，但在关键时刻，他会拿出你的秘密作为武器回击你，使你在竞争中失败。因为一般说来，个人的秘密大多是一些不甚体面、不甚光彩甚至是有很大污点的事情。这个把柄若让人抓住，你的竞争力就会大大地削弱了。

不会表达，你就输了

遵循"多说无益"的原则

说话是嘴巴的一项功能，长久不用必会迟钝；但为人处事却又有尺寸，它要遵循"多说无益"的原则。

美国第13任总统约翰·卡尔文·柯立芝以少言寡语出名，常被人们称作"沉默的卡尔"。艾丽斯·罗斯福·朗沃思就曾说柯立芝"看上去像从盐水里捞出来的"。

柯立芝却说："我认为美国人民希望有一头严肃的驴做总统，我只是顺应了民心而已。"

由于柯立芝总统的沉默寡言，许多人便总是以和他多说话为荣耀。

在一次宴会上，坐在柯立芝身旁的一位夫人千方百计想使柯立芝和她多聊聊。她说："柯立芝先生，我和别人打了个赌：我一定能从你口中引出三个以上的字眼来。"

"你输了！"柯立芝说道。

一次，一位社交界的知名女士与总统挨肩而坐，她滔滔不绝地高谈阔论，但总统依然一言不发，她只得对总统说："总统先生，您太沉默寡言了。今天，我一定得设法让您多说几句话，起码得超过两个字。"

柯立芝总统说:"徒劳。"

《菜根谭》上说:"文章做到极处,无有他奇,只是恰好;人品做到极处,无有他异,只是本然。"柯立芝总统很好地把握住了这一点,因此,给人留下了深刻的印象。

世界著名的谈话艺术家司脱·费用特曾教人谈话中应注意的主要条件,他说:"你必须时常说话,但不必说得太多。见人随机应变,什么人便向他说什么话,少叙述故事,除了确实是贴切而简短的故事之外,总以绝对不讲为佳。与人谈话,同时也要注意态度,切不可扯住别人的衣袖,动手动脚地讲话。讲话时要注意附顺,切忌妄自尊大。在团体中谈话通常要避免争论。谈话最好勿作自我的宣传。外表应坦白而率直,内心应谨慎而仔细。谈话时要正面面向人家,以示你的诚意,不要随随便便,不要模仿他人。和人家开口赌咒,闭口发誓,是既坏又粗鄙俗劣的事。高声哄笑,是下流群众的口气,真实的机智和健全的理性,绝不会引人哄笑……"

应当常说话,但不要说得太多,这是什么道理呢?因为说话不是独白,假如你听别人说话像背书一样,你是不是会感到讨厌或是无法听进去呢?至于"常说话",是为了增强别人对你的印象。随机应变,见什么人说什么话,这道理也是非常明显的,因为你必须迎合对方的心理,才能使别人对你有一个好印象。但每个人的心理需求是不同的,所以你必须随机应变。你在批评人的时候应特别注意这一项。

不会表达，你就输了

如果在谈话中你能遵照费用特的建议去做，生活中就会减少许多烦恼。

在某一次宴会上，某人向邻座的太太讲起了某校校长的秘密来，同时表现出对校长卑鄙行为的大不满，并大大地说了一堆攻击的话。

直到后来，那位太太才问他道："先生，你认识我是谁吗？"

"还没有请教你贵姓。"他回答道。

"我正是你说的那位校长的妻子。"

这位先生窘住了，但隔了一会儿，他却凛然地问道："那么，你认识我吗？"

"不认识。"那位太太摇头作答。

"哦，还好，还好！"那人这才如释重负地说道。

这里，那个先生就犯了随便对人说话的毛病，幸亏那位太太不认识他，否则，不仅现场非常尴尬，还可能因说校长的坏话，给自己带来十分不利的影响。

集中精力去倾听

当你在认真地聆听别人讲话的时候,你的认真,你的全心全意,你的鼓励和赞美都会使对方感到你在尊重他,当然你也会得到善意的回报。

当谈到听别人讲话的效果时,美国著名学者查理·艾略特讲了一个真实的故事:艾略特从商店买了一套衣服,很快他就失望了,原因是衣服会掉色,把他的衬衣领子都染了。艾略特拿着这件衣服来到商店,找到卖这件衣服的售货员,想说说事情经过,刚说两句,售货员不耐烦地打断了他的话。

售货员声明说:"我们卖了几千套这样的衣服,您是第一个找上门来抱怨衣服质量不好的人。"他的语气似乎在说:您在撒谎,您想诬赖我们,等我给您点厉害看看。

吵得正凶的时候,第二个售货员走了进来,说:"所有深色礼服开始穿时都会褪色,一点办法都没有。特别是这种价钱的衣服,这种衣服是染过的。"

"我差点给气得跳起来。"艾略特先生叙述这件事时强调说:"第一个售货员怀疑我是否诚实,第二个售货员说我买的是二等

不会表达，你就输了

品。我气死了。我准备对他说：你们把这件衣服收下，随便扔到什么地方，见鬼去吧。正在这时这个部门的负责人出来了，他很内行。他的做法改变了我的情绪，使一个被激怒的顾客变成了满意的顾客。他是怎样做的？"

"首先，他一句话没讲，专心地听我把话讲完。其次，当我把话讲完，那两个售货员又开始陈述他们的观点时，他开始反驳他们，帮我说话。他不仅指出了我的衬衣领子确实是因衣服褪色而弄脏的，而且还强调说商店不应当出售使顾客不满意的商品。后来，他承认他不知道这套衣服为什么出毛病，并且直接对我说：'您想怎么处理？我一定遵照您说的办。'"

"90分钟前我还准备把这件可恶的衣服扔给他们，可现在我却回答说：'我想听听您的意见，我想知道，这套衣服以后还会不会再染脏领子，能否再想点什么办法。'他建议我：'再穿一星期，如果还不能使您满意，您把它拿来，我们想办法解决。请原谅，给您添了这些麻烦。'"

"我满意地离开了商店。七天后，衣服不再掉色了。我完全相信这家商店了。"

因此，在待人处事中，需要特别注意的问题，就是一定要集中精力听对方的话，少说多听，最好是做个只开口不讲话的"开心果"。在待人处事中，以下几点是尤其需要注意的：

1. 办公室恋情秘而不宣。

同事之间出现恋情，这是不可避免的。对于同事告诉自己的办公室之恋，应该只是听听而已，不可参与意见，以免造成误

第二章 倾听，为表达获取信息

会，使老板认为你是办公室恋情的一个赞成和支持者。

2. 对于自己看不顺眼的事情，最好是一笑了之，不必与之纠缠。

假如遇到一位利用男女私情博取上司欢心的同事，尽管你内心对他（她）多么不屑，也不要公开谈论。因为即使你将之传开，也不能改变现状，反而有可能影响你的形象，非常不值。

3. 加薪幅度一定要互相保密。

在商业机构中，是不可能有绝对公平的，每个人加薪幅度的多少，只能证明老板对员工的印象和喜爱的程度有多大，而不一定是工作能力的好坏与否。因此，不要执着于加薪的幅度而互相询问、传播，以免自讨没趣，惹得老板不快。

4. 不要向同事诉苦。

如果你有对公司不满的情绪，切不可向同事倾诉，因为他们不仅帮不上你的忙，反而有可能把事情弄得更糟，从而影响你的前途。假如有同事向你诉苦的话，你应当多加安慰，但不能表示任何意见，否则，你就容易在不知不觉中扮演了一名煽动者的角色。

为了逞一时之快，图口头上的痛快而影响个人，是与成功之道背道而驰的。然而，有些人在待人处事中，却根本不管对方是不是爱听，只管自己滔滔不绝地神侃胡吹，以为这样就能博取对方的好感，殊不知恰恰相反，反而成了社交场上谁都不愿意打交道的"讨厌鬼"。因此，在待人处事中，一定要管住自己的嘴巴，竖起你的耳朵。

| 第三章 |

委婉,让表达使人愉悦

使用弹性语言，适当委婉和模糊

尴尬事常有，不便直说时要用弹性语言，随机应变，适当委婉和模糊，而不能把话说得太实太直。

在日常交际中，总会有一些人们不便、不忍或者语境不允许直说的话题，需要把"词锋"隐遁，或把"棱角"磨圆一些，使语意软化，便于听者接受。说话人故意说些与本意相关或相似的事物，来烘托本来要直说的意思。

委婉法是办事说话时的一种"缓冲"方法。委婉语能使本来也许是困难的交往，变得顺利起来，让听者在比较舒坦的氛围中接受信息。因此，有人称"委婉"是办事语言中的"软化"艺术。例如巧用语气助词，把"你这样做不好！"改成"你这样做不好吧。"也可灵活使用否定词，把"我认为你不对！"改成"我不认为你是对的。"还可以用和缓的推托，把"我不同意！"改成"目前，恐怕很难办到。"这些，都能起到"软化"效果。

可以用委婉的词语表示不便直说或使人感到难堪的情形或事物。

有时，即使动机好，如果语言不加修饰，也容易招人反感。

比如：售票员说："请哪位同志给这位'大肚皮'让个座位。"尽管有人让出了座位，但孕妇却没有坐，"大肚皮"这一称呼，使她难堪。如果这句话换成："为了祖国的下一代，请哪位热心人，给这位'有喜'的大姐让个座位。"当有人让出座位时，这位孕妇就会表示对售票员感谢，并愉快地坐下。

也可以借用一事物或他事物的特征来代替对事物实质问题的直接回答。

在纽约国际笔会第四十八届年会上，有人问中国代表陆文夫："陆先生，您对性文学怎么看？"陆文夫说："西方朋友接受一盒礼品时，往往当着别人的面就打开来看。而中国人恰恰相反，一般都要等客人离开以后才打开盒子。"

陆文夫用一个生动的借喻，对一个敏感棘手的难题，婉转地表明了自己的观点——中西不同的文化差异也体现在文学作品的民族性上。以上例子，实际上是对问者的一种委婉的拒绝，其效果使问话者不至于尴尬难堪，使交往继续进行。

另外，在公关语言中运用适当的含糊，这是一种必不可少的艺术。办事需要语词的模糊性，这听起来似乎是很奇怪的。但是，假如我们通过约定的方法完全消除了语词的模糊性，那就会使我们的语言变得十分贫乏，使它的交际和表达的作用受到限制。

例如：某经理在给员工作报告时说："我们企业内绝大多数的青年是好学、要求上进的。"这里的"绝大多数"是一个尽量接近被反映对象的模糊判断，是主观对客观的一种认识，而这种认识往往带来很大的模糊性。因此，用含糊语言"绝大多数"比用精确的数字形式的适应性强。即使在严肃的对外关系中，也需要含糊语言，如"由于众所周知的原因"，"不受欢迎的人"，等等。究竟是什么原因，为什么不受欢迎，其具体内容，不受欢迎的程度，均是模糊的。

平时，你要求别人到办公室找一个他所不认识的人，你只需要用模糊语言说明那个人矮个儿、瘦瘦的、高鼻梁、大耳朵，便不难找到了。倘若你具体地说出他的身高、腰围精确尺寸，倒反而很难找到这个人。因此，我们必须至少在办事说话时放弃这样一种观念："较准确"总是较好的。

第三章　委婉，让表达使人愉悦

说话委婉含蓄有利于人际交流

做人正直很有必要，但说话一味直来直去就不太可取了，因为不适当的直言如同刺刀刺进人的心里，不仅得不到别人的赞同，反而会伤害人的心灵。

医生给人看病，遇到病情较严重而又诊治不及时的病人，就直言道："你怎么这么瘦哇！脸色也很难看！""你知道你的病已经到了什么地步了吗？""哎呀！你是怎么搞的？你这个病为什么不早点来看哪！"这些说法里所包含的消极作用会使病人怎么想呢？作为医生这是治病还是致病呢？

相反，如果换一种方式说："幸好你及时来看病，只要你按时吃药，多注意休息，放下思想包袱，相信你很快就会好起来的。"这将给病人很大的鼓舞。

又如，当妻子买了一件衣服征求丈夫的意见，丈夫觉得妻子穿这件衣服不太合适，如果丈夫不尊重体贴妻子的心情，就会直露地批评说："你看你的审美观真成问题，一把年纪了还穿这么鲜艳的衣服，岂不成老妖婆了？"这样生硬、贬损的话必定会伤害妻子的自尊心。反之，丈夫会把否定的意见说得委婉得体，给

不会表达，你就输了

予暗示："不错，颜色真鲜艳，给女儿穿，那是很漂亮的。"

当你去拜访朋友，主人热情地拿出水果、零食招待你，而你却直言说："不吃，不吃，我从来就不喜欢吃零食，再说我刚吃完饭，肚子饱得很，哪还有胃口吃这些东西。"这样不仅让人扫兴，而且还伤了主人的自尊心。你应该体谅到主人的一片热情和好意，委婉地说："谢谢，谢谢！多新鲜的水果，多香的糖，只可惜刚吃完饭，没有胃口吃了，太遗憾了！"

总之，委婉说话不仅是一种策略，也是一门做人的艺术。说话委婉含蓄是做人的一个必要条件，也是待人圆滑的表现。作为一个现代人，应当有这种文明意识，掌握这一有利于人际交流的语言表达方式。

说话直来直去，不仅会伤人自尊，也会反伤自己，所以委婉表达，不仅可以让人接受，还可以深得人心。毕竟春风袭人的语言，他人也愿意听。

第三章 委婉，让表达使人愉悦

形成融洽关系，才能达到目的

　　请求别人办事时，只有关系亲近事情才好办，关系亲近的最佳途径就是套近乎。对陌生人也好，对熟人也好，只有用各种方式同别人接近，形成融洽的关系，才能达到自己的目的。

　　和陌生人搭讪，套近乎，总是以这样的方式开始："您是哪里人？""哪个学校毕业的？""听口音，你家是南方人……"初次见面，这些都算是挺好的话题，以此作为开始，继续交谈下去就会容易许多。其实，这绝不是简单的寒暄，而是试探对方下一步态度的前哨战。因为出生地或者毕业于哪所大学，往往是形成一个人的判断标准的关键因素。

　　有这么一件事，说的是三个人一齐出国旅行，其中一个服务于水产公司，另一位则是家具制造厂的职员，当三人进入餐厅吃饭，在长桌边坐下时，那位家具制造厂的朋友首先开口说道："呀，这张椅子是法国制的，果然不错。"接着，当菜端上来时，水产公司的职员瞥了一眼，就立刻赞叹道："用的鱼是上等，真想去问问厨师是哪里买的。"因职业的不同，对所看到的东西判断的标准也迥然而异，从这个例子可以略见一斑了。

不会表达，你就输了

只要能抓住这种标准，以后要引出的话题就简单了。为了这个目的，所以要用询问出生地或毕业学校的言语或握手，这被认为是顺利与别人交谈的第一步。推销员之所以开始时从毫无生意关系的话题谈起，无非就是为了想获知顾客的判断标准。

比如说，当你想求办事的人走过来与你开始谈话时，你不妨先聆听对方说一两分钟，然后问他（她）："听口音，你是××地方人吧?"说中了，最好，即使不对也没关系，因为对方肯定会纠正道："不，我是××地方人。"

一旦获知对方的有关信息，事情就好办了，你可以充分调动有关知识，和他就这一话题攀谈下去："我两年前也曾去过，你是哪个县的?"诸如此类与自己办事毫无关系的话题，只要你有空，即便要谈上一阵也未尝不可。现实生活中，这种献殷勤、套近乎的方法常常用于求别人办事之中，一旦关系密切后，别人就是想拒绝你的请求也"却之不恭"了。

表面看起来，陌生人很生疏，与他套近乎难似上青天，其实不然，因为对方不了解你，同时也不好随便拒绝你。只要话语客气，礼貌表达，多在话里头抛几个"绣球"给他，自然关系就近了。

第三章 委婉,让表达使人愉悦

说话的关键是让人内心愉悦

交往中的话语贵在让人觉得高兴,如果人家觉得难以忍受,不仅事没办成,而且人与人的关系会更糟。因此,了解内心,让他人内心清爽愉悦是说话的关键。

俗话说:"树要皮,人要脸。"所谓"脸",就是人的自尊。人如果没有了自尊,那便无药可救了。没有自尊的人有两种情况:一种是自己失去的,一种是叫人给毁伤的。对前一种人,领导者所做的努力或许很少,但后一种情况,当领导的却要千万注意。不少人的自尊心恰恰是被领导者毁伤的。

有些人由于工作上能力较差,时常做不好事情,反而给人添麻烦,于是每个单位都想将他调走,但似乎又没有地方肯接纳他。有的领导便会对人说:"他要是能调走,我磕头都愿意!"这种话便是伤人自尊心的。

事实上,即使是在工作场所中被视为无用的人,也有他自己的想法与自尊心。他或许看似低能,却在某一方面潜藏着特长;也许,他一无所长,但他却也因此比别人更勤奋卖力。偌大个单位,总该有适合他的工作可做,而不应对他抱嫌弃的态度。

不会表达，你就输了

有的人本身并不低能，但因为做错了事，也会引得某些人说出伤人自尊心的话来。比如："你是什么东西？你以为自己是老天爷？"或者说："你这种家伙，成事不足，败事有余！"这种话一出口，不是叫人心灰意冷，就是引起大吵大闹。

调查研究表明：凡是自尊心很强的人，不论在什么岗位上，都会尽自己的努力而不甘落后于人。明智的人要保护他人的自尊心，还要想方设法加强他人的自尊心。比如，注意礼貌，让他们充分体会到自己作为一个人与他人在人格上是平等的；或使用适当的褒奖，让他们有荣誉感，等等。

自尊心受到毁伤的程度是不同的，有的属于局部的，就是说，被害者的自尊心并未完全失去，他还能感觉到自己受了伤害，这样他就必然记住伤害他的人，对之产生反感、厌憎乃至仇恨。

如果这个人是他的领导的话，他要么积极地谋划调离本单位，要么便采取"不合作主义"。只要是你说的话，你下的指示，他都不会尽心尽力、心甘情愿地去办。这样，怎么可能把工作搞好呢？

另一类是全部的，就是说，被害者已经全然失去了自尊。他甚至感觉不到什么叫自尊心受伤害。他自暴自弃，自甘下流，什么乌七八糟的事都干。

伤人自尊心是说话的大忌，在你心情不好的时候，尤其要注意维护别人的自尊。只有让被求者心里美滋滋的，人家才能真心实意为你说话。

言辞委婉巧求人

请求别人,一定要选择好时机。当别人忙时或正在发怒时若不知趣开口求人,那别人不是敷衍你就是对你翻白眼。而善于说话者,就能在别人高兴时顺势求人,这种乘虚而入请求别人当然成功率要高得多。

有事求人帮忙时,一般可先适度地称颂对方某一显著的优点。比如,称颂他乐于助人,称颂他有路子、办法多等等。真诚地称颂,多说些人情话,可以博得对方的好感,使他愿意帮助你。

同时,你还要替对方着想一下,你提出的请求将会给对方造成哪些压力,可能存在哪些困难。这些难处,你说出来比由他本人说出来要好得多。"我知道这件事会给您添许多麻烦,但我没有别的门路,只能拜托您了。"这样说,较易使对方乐于为你做事。

请求别人帮忙,一定要讲究礼貌。比如:"劳驾,请把杯子递给我。""您能帮我把这个放上去吗?"为表示尊重,还可以在提出要求时,用商量的语气:"哪天有空我们再见见面?""请您明天到我办公室来一趟,好吗?"

不会表达，你就输了

如果用生硬的口吻提要求，那一定会使对方不悦。

前些年，某厂某车间接到国库券认购任务，几百名工人都认购了不同的数额，最后只剩下几个"老顽固"。这几个拥有30年左右工龄的老工人，任凭车间主任磨破了嘴皮，他们依然不肯认购："不是说要自愿吗？我不自愿！"

前后已经开了三次动员会，依然毫无结果。下班时，车间主任把这几位老工人送到车间门口，轻声说："我只讲最后一句：我现在很为难，请大家帮个忙。"

奇怪，刚才态度还强硬的老工人听了这句语重心长的话，竟纷纷表示："主任，我们不会让你为难。"说完，大家立即转身回去签名认购。

很快，国库券的认购任务就完成了。

一句充满人情味的求助的话，居然比通盘大道理更具有说服力。作为老工人，虽然文化水平不高，但重情义。现在，领导不是讲大道理，而是请他们帮忙。他们想：领导看得上咱，岂能不给面子？就这样，气一下顺了。

那位车间主任，在正面强攻不下的情况下，改用避实就虚、迂回包抄的战术，先了解对方的心理需求，然后由虚而实，从而达到目的。可见，诚恳的请求，实为见效的说服方法。

人生得意须尽欢。在别人得意时，你的话语让别人锦上添花，你求人也会不求自应。不同的病人需要不同的药方。对于"吃软不吃硬"的人，要勇于低下头，毕恭毕敬，而不是趾高气扬，居高临下。

第三章 委婉，让表达使人愉悦

不得不说的客套话

"场面话"是人际交往中说话必备的应酬之一，而说"场面话"也是一种生存智慧，在社交中一些高手都懂得说，也习惯说。这不是罪恶，也不是欺骗，而是一种"必要"。

在人际交往中，无论是谁，都会说或听到"场面话"，好的客套话能给人以好的印象，能在交往中起到沟通的作用。

什么是场面话？其实，就是在一些场合不得不说的客套话。

某甲在一国营单位工作，十几年没有升迁，于是通过朋友牵线，拜访一位负责调动的单位主管，希望能调到别的单位，因为他知道那个单位有一个空缺，而且他也符合条件。

那位主管表现得非常热烈，并且当面应允，拍胸脯说："没问题！"

某甲高高兴兴地回去等消息，谁知半个月、一个月、两个月过去，一点消息也没有，打电话去，不是不在，就是"正在开会"，问朋友，朋友告诉他，那个位置已经有人捷足先登了。他很气愤地问朋友："那他又为什么对我拍胸脯说没有问题？"朋友也不知如何回答才好。

这件事的真相是：那位主管说了"场面话"，而某甲相信了他的"场面话"。

一般来说，"场面话"有以下几种：

——当面称赞人的话：诸如称赞你的小孩可爱聪明，称赞你的衣服大方漂亮，称赞你教子有方……这种场面话所说的有的是实情，有的则与事实有相当的差距，说起来虽然"恶心"，但只要不太离谱，听的人十之八九都感到高兴，而且旁人越多他越高兴。

——当面答应人的话：诸如"我全力帮忙""有什么问题尽管来找我"等。说这种话有时是不说不行，因为对方运用人情压力，当面拒绝，场面会很难堪，而且会马上得罪人；缠着不肯走，那更是麻烦，所以用"场面话"先打发，能帮忙就帮忙，帮不上忙或不愿意帮忙再找理由，总之，有"缓兵计"的作用。

所以，"场面话"想不说都不行，因为不说，会对你的人际关系有所影响。

不过，千万别相信"场面话"。

对于称赞或恭维的"场面话"，你要保持你的冷静和客观，千万别两句话就乐昏了头，因为那会影响你的自我评价。冷静下来，反而可看出对方的用心。

对于拍胸脯答应的"场面话"，你只能保留态度，以免希望越大，失望也越大；只能"姑且信之"，因为人情的变化无法预测，你测不出他的真心，只好做最坏的打算。要知道对方说的是不是"场面话"也不难，事后求证几次，如果对方言辞躲闪，虚

第三章 委婉，让表达使人愉悦

与委蛇，或避不见面，避谈主题，那么对方说的就真的是"场面话"了。所以对这种"场面话"，一定要有清醒的头脑，否则可能会坏了大事。

"场面话"是一种交际需要，既要能说，还要善说，既要认真听，但也不要信。信的人是没见过场面的人，不听的人是不识场面的人。

不会表达，你就输了

说话具有模糊性

在与人说话时，难免会遇到别人的刁难，面对他人咄咄逼人之势，我们是怒发冲冠把话说绝说死呢？还是点到为止？这就要懂得说话滴水不漏，给对方留有一点余地，又让对方知难而退。

法国著名的革命家、空想共产主义者弗朗斯瓦·诺埃尔·巴贝夫1797年在凡多姆高等法院法庭上受审时辩护说："当我第一次受审时，我曾隆重地提出保证，我要伟大的、庄严地来维护我们的事业，这样，我才对得起法国的真诚朋友，我才对得起自己。我一定会遵守我的诺言……"

"自由的精神，我是多么感激你！因为你使我处于比所有其他的人更为自由的地位。我所以是更为自由，正是因为我身上背着铁链。我所要完成的任务是多么美好！我所维护的事业是多么崇高！它只许我说出真理——这也正是我要的。即使我的内心感觉没对我指点出真理，这项事业会迫使我说纯粹的真理。正是因为我身上背着铁链，我在无数被压迫者和受难者之前有发表自由意见的优先权……"

"我们虽然关在人笼里，并受残酷的折磨，但只要我们还能

第三章 委婉，让表达使人愉悦

得到那崇高的事业的支持，我们便有责任公开宣布我们所热爱的真理……"

巴贝夫就这样在法庭上宣扬革命理想，这种充满战斗激情的语言，人人都懂得所讲内容，但也没有明说，却不失雄辩的力量。

说话本应准确、清楚。但在语言的实际运用中，许多话是具有模糊性的。因为现实生活中有些话不必要、也不便于说得太实太死。

王元泽是宋朝著名政治家、文学家王安石的儿子。在他刚几岁时，有一个客人把一头獐和一头鹿放在同一个笼子里，问王元泽哪一头是獐，哪一头是鹿。王元泽回答说："獐旁边的那头是鹿，鹿旁边的那头是獐。"王元泽的回答固然没有错，但却是含糊其词的，因为他没有确切地指明哪头是獐，哪头是鹿。然而妙就妙在这"含糊其辞"上，王元泽如果老老实实地回答"不知道"，那就显示不出他的聪颖和机智，也不可能引起客人对他的才华的赞赏了。

一个财主晚年得子，不胜高兴。生日那天，大家都来祝贺。财主问客人甲说："这孩子将来怎么样？"客人甲说："这孩子将来能当大官！"财主大喜，给了赏钱。财主问第二个客人乙，客人乙说："这个孩子将来要发大财！"财主又赏了钱。财主又问第三个客人丙，客人丙说："这个孩子将来要死的。"财主气极了，把他打了一顿。说假话的得钱，说真话的挨打。既不愿说假话，又不愿挨打，怎么办？只好说："啊呀，哈哈，啊哈，这孩子吗？

不会表达，你就输了

哈哈……"

言而不尽意是人生的一大憾事，但有时候却又不能尽意，"犹抱琵琶半遮面"是最理想的一种效果，它既不得罪人，也不会让人穷追猛打。

看准时机巧插嘴

与别人说话,一般是当别人说完你再说,以少插嘴为妙,但少插嘴不意味着不插嘴,被人骂得狗血喷头还装聋作哑以求委曲求全,但这不是好办法,毕竟沉默也是有限度的。这就要我们懂得插嘴的技巧:看准时机,见缝就钻,明快简洁,干脆利索。

现实生活的各种场合中都存在与人交往、让人代为办事的情况。在与人交谈时,常常要谈论各种问题,插嘴也是套近乎的一种表现形式。好的插话能取得事半功倍的效果,不适当的插话则会使事情更糟。别人说话我不能插嘴,但如果全让别人说,听者还不郁闷死,所以见话题就插,总比受人欺负做哑巴好。看下面几个范式:

范式一:两位女孩子正在一个角落里悄悄地说着什么,一位男士不自觉地凑上去问道:"你们在说什么呢?"结果遭到两个女孩子的一句"讨厌!"那男士只好悻悻地走开了。

范式二:一位老师在课堂上正兴致勃勃地给他的学生谈着他对我国经济形势的发展的看法,滔滔不绝,忽然一个学生站起来说道:"老师,你刚才说得不对。"那老师一怔,继而脸色一变:

不会表达，你就输了

"你给我坐下，有问题下课再谈！"

范式三：小王的老板正发泄着对他这几天表现的不满："最近这几天你怎么老迟到？""为什么上班的时候总是心不在焉的？""真是的，太不像话了，你看，连头发都留这么长！"

小王忍不住了，插了一句："这是我的自由！"

"什么？你的自由？要自由就别到我这儿来！"

第二天小王就被解雇了。

生活中不乏上面的范式，那位男士，那位学生还有小王之所以把事情弄僵了，是因为他们没有把握好插话的时机，结果遭到别人的抱怨或憎恨。

说话除了要注意场合和对象外，还要把握好时机，什么时候该说，什么时候不该说，什么时候可插，什么时候不可插，都不是随随便便的。

讲话要及时地"切入"话题，必须找到双方共同关心的内容。

小李家的电话老是出现杂音，他几次找当地邮局要求检修一下线路。

邮局局长立即把正在看杂志的小于找来，批评他的不是，并令其赶快随小李到他家去检修线路。

一路上，小于紧锁着眉头不吭一声，小李灵机一动，问道："你刚才看的是什么杂志？"

"《体育世界》。"

"哎呀，这杂志我家订了好几年了，包你看个满意。"

第三章　委婉，让表达使人愉悦

　　于是一路上两人你一言我一语谈得有滋有味，到小李家后，电话线很快检修完毕，后来两人还成了好朋友。

　　小李适时地找到了共同关心的话题，使本来紧张的气氛很快消除了。

　　洗衣机用久了，功能减退了，妻子想再买个新的，丈夫不同意。一天，丈夫对妻子说："我昨天换的衣服洗完了没有，我明天有重要会议，必须穿。"

　　妻子打开洗衣机，一看："还转着呢？第一道程序都没完。"

　　"这个破洗衣机！"丈夫道。

　　"还是再买个新的吧，"妻子乘机赶紧插话道。

　　"买一个吧。"丈夫欣然同意了。

　　一到商店，看中一台洗衣机，一问要几千元。

　　"太贵了，以后再买吧！"丈夫说。

　　"衣服那么多，又老换，急着穿怎么办？"妻子说。

　　这时服务小姐插一句："这台洗衣机虽贵点，但质量好，容积大，功率大，洗得又干净又快。"

　　"行，那就买一台吧。"丈夫终于同意了。

　　聪明的妻子，精明的服务员，能够敏捷地捕捉住插话的时机，达到了目的。

　　在插话提意见或表示反对时，一定要先看准对方的心境，对方如果正激动兴奋不已地陈述自己观点时，你不要去打断他，插入自己的不同意见；如果对方正针对你发泄心中的不平之气时，你要暂时忍耐一下，不要插话顶嘴。俗话说："出门看天色，说话看脸色。"脸色是心情好坏的晴雨表,人心境好时,万事皆乐;心境不佳时,举事皆忧。插话或提反对意见时务必考虑这一点,等对方平静下来,心平气和、心情舒畅的时候去说,才能收到良好的效果,达到自己的目的。

打断别人讲话插嘴时,还要注意以下几点:

把握别人谈话主题,插话前先得听明白人家在说什么,说到哪儿了,你才能确定自己应该插什么,可以插什么,什么时候插合适。如果你插些跟他们交谈毫无关系的内容,那只会打乱别人谈话的思路,招人厌恶。

注意自己的身份,要把握好无论如何插话者只是配角,谈话者是主角,多说话的应是他们,如果没有得到他们同意,你不可说话太多,以免喧宾夺主。

注意礼貌。插话时毕竟会打扰别人的思路或破坏气氛,所以插话前必须获得对方同意。可以先礼貌地打声招呼:"对不起,我插一句。""请允许我说一点。""我可以插一句吗?"吸引对方注意或征得同意,不过,这样的插话不要太多。

把"谢谢"说得恰到好处

"谢谢"两字写来简单,但要说得恰到好处也并不容易,这就要等时机、看眼色、重语速,表达时还要真诚。

如果你留心的话,在饭店或火车站的门口,肯定可以经常看到上司及部属,或是两位有生意关系的朋友在搭乘出租车。他们这时候的对话,往往会令旁人听了感觉无聊而窃笑不已。

车子行驶至门口,部属立刻对上司说:"您请上。"这原因想必大家都非常清楚,一般来说,司机的后座是最安全而且又是上座,因此,做上司的在听了部属这么说后,通常会接受部属的美意先进入车内。但也有一些上司,可能因为不好意思或觉得麻烦而不愿坐那个位置。

遇到这种上司,部属又往往自忖地位高低,也不敢就此先进入车内。因此"您先上""不,你先上"的客气话,便开始在两人之间展开直到司机等得不耐烦,冲着两个说了一句"请你们赶快上车"之后,他们才停止这场可能没有结果的对话。在这种情形下,常变成部属坐在上座。

为了简单的上车顺序竟然花了那么长的时间,甚至后来反而

不会表达，你就输了

变成部属很别扭地坐在上座，探究原因，就是因为部属没有能够一开始就明白地告诉上司："您坐那个位子会比较好"，让上司知道依照礼节他必须坐在上座，那就不会有这种结果。不过，对方若是年长者或是位女性，你请对方坐在里面的位子，有时反而会令对方迷惑。因为他（她）们进出车内会不太方便。你如果遇到这种情形，对方请你先入座，你可以告诉对方："好，我知道"，然后迅速地进入车内。对方所以谢绝你的好意不先入座，往往是因为个人的习惯或腰痛等疾病，倘若你一味地请对方先上车，恐怕会被对方冠上"考虑不周"之名。因此，在搭车时，看清楚当场的状况并快速果断地处理，就是在尊重对方。

在待人处世中，有许多人不善于对别人表露情感，这种情形，在那些社会经验不足的年轻人中间非常普遍。满怀谢意，却不能大大方方地说出"谢谢你"，这样就绝对不能把自己的谢意传达给对方。为什么心里感谢对方嘴里却说不出来呢？究其原因，无非是不好意思，尚未猜透说话的玄机罢了。

其实，别人帮了你的忙，好好地表示谢意，是最基本的礼貌，倘若不懂得这一点，势必无法尊重对方。试想一下，人家辛辛苦苦的费劲帮了你的忙，连你一句谢谢都换不来，假若是你，心里会作何想？

有一位以乐于助人见称的董事长，一天有位职员向他报告自己要结婚的事，董事长听了之后非常高兴，马上热情地把自己一位从事房地产经营的朋友介绍给他，结果，那位职员不久便顺利地找到一幢价格不高，又特别合适的公寓作为新房。

第三章 委婉，让表达使人愉悦

那位职员在乔迁后的第二天，前往董事长的办公室想向他致谢。谁知，等见了董事长却吭唧了半天，怎么也说不出"谢谢"两个字来，最后好不容易才勉强说出"前几天麻烦你，真是抱歉"之后，便急急忙忙地退出办公室。

董事长见到职员这种表现，感到非常沮丧，甚至认为自己的这份热心有点多余。那位职员期期艾艾不敢吐露本意，说不出"谢谢"来，完全是因为面对董事长时过于紧张，脸皮儿太薄所致。

看来要想把"谢谢"说出口还不是太容易的事。但你如果不将自己心中的谢意表达出来，对方永远也不会知道。相反的，倘若清楚地把谢意告诉对方，不但会使对方感到愉悦，同时也是在尊重对方。此外，在表示谢意时，还需要注意一点，如果周围有人，而你的道谢态度又过于客气，那将会适得其反，因为对方可能会感到不好意思。依真实情况如何，再来决定道谢的言辞，这才是真正的掌握了说话算计的精髓。

大部分的人，不仅说不出"谢谢"，甚至连一般事情都不能清楚地表达出来。说得严重一点，那些不能将事情清楚表达出来的人，根本不可能有什么作为。因为将事情清楚明白地说出来，即是做人的起码要求，也是做人的基本礼节。

把"谢谢"真诚地表达出来要勇气，一旦能说出口，既能让别人愉悦，也能让自己获得有礼貌的好口碑。

初次见面,谈话要讲究分寸

与人交往,第一次见面说得好会给人留下深刻印象甚至终生不忘,如果说得差会使人反感,这辈子都不想与之打交道,所以第一次的交谈最好要一炮打响。

拉布歇雷在圣彼得堡当英国使馆的官员时,有一次,一位傲慢的贵族来访,要求立即会见大使。

"请坐,大使就会来的。"拉布歇雷说。

来访者对这么简单、没有客套的接待大为生气,说:"年轻人,你知道我是谁?"随即背出了一长串头衔。

"那么,请坐两张椅子。"拉布歇雷说。

显然,傲慢的贵族冗长的自我介绍令拉布歇雷感到厌烦。可见,他介绍自己没有把握好分寸。

我们在社会上与别人交往,都有一个由陌生到熟悉的过程。首先要做的就是要适时地介绍自己。

可以由第三者出面介绍,也可以自我介绍,不论采用何种介绍方式,都不宜采取太冷淡或太随便的态度。

特别是自我介绍的时候,更要注意自己的言谈举止,做到恰

第三章 委婉，让表达使人愉悦

当得体。

那么，怎样的介绍才算恰当得体呢？

一般来说，介绍的语言既要简洁明了，又要能使对方从你的介绍中找到继续谈下去的话题；既要使对方通过你的介绍对你有所了解，又不使对方觉得你在自吹自擂。

比如："我是××公司业务部经理×××，请多指教。"

这种介绍方式既简洁，又适当地表明了自己的身份，容易使对方找到接下去交谈的话题。

与人初次见面谈话时，要注意分寸。许多人和初次见面的人说话都会感到拘谨。这主要是因为你对初次见面人一无所知，特别是进入完全陌生的群体，有些人甚至会产生不自在和恐惧的心理。你要消除这种心理，就要设法把初次见面的人变成老朋友。首先要在心目中建立一种乐于与人交朋友的愿望，心里有这种要求，才能有适当的行动。

特别需要指出的是，有些人你可能不太喜欢——尽管只是刚刚见面，可是也应该学会与他们谈话。要知道，人都有以自我兴趣为中心的习惯，如果你对自己不感兴趣的人不瞥一眼，一句话都不说，恐怕也不是一件好事。你可能被人认作是骄傲，甚至有些人会把这种冷落当作侮辱，从而产生隔阂。和自己不喜欢的人谈话时，要把握以下两点：第一要有礼貌；第二不要接触有关双方私人的事。这是为了使双方自然地保持适当的距离，一旦你愿意和他结交，就要一步一步设法减小这种距离，使双方融洽相处。

不会表达，你就输了

在你决定和某个陌生人谈话时，不妨先介绍自己，给对方一个接近的线索，你不一定先介绍自己的姓名，因为这样人家可能会感到唐突。不妨先说说自己的工作单位，也可以问问对方的工作单位。

一般情况，你先说了自己的情况，人家也相应告诉你他的有关情况。

接着，你可以问一些有关他本人的而又不属于秘密的问题。对方是有一定年纪的人，你可以问他子女在哪里读书，也可以问问对方单位一般的业务情况。对方谈了之后，你也应该顺便谈谈自己的相应情况，才能达到交流的目的。

初次见面的人谈话，要比对老相识更加留心对方的谈话，因为你对他所知有限，更应当重视已经得到的任何线索。此外，他的声调、眼神和回答问题的方式，都可以揣摩一下，以决定下一步是否能向纵深发展。

如果遇到那种比你更羞怯的人，你更应该跟他先谈些无关紧要的话，让他心情放松，以激起他谈话的兴趣。和人谈话的开场白结束之后，特别要注意话题的选择。要尽量避免那些容易引起争论的问题。为此，当你选择某种话题时，要特别留心对方的眼神和小动作，一旦发现对方厌倦、冷淡的情绪时，应立即转换话题。

刚刚相识的人毕竟还有某些生疏感，交谈难以深入，这就很容易冷场、沉默，出现令人难堪的局面。

怎样巧找话题，打破沉默呢？那就要从具体情况出发去考

第三章 委婉，让表达使人愉悦

虑，如果彼此完全陌生尚未相识，那就要察言观色，以话试探，寻求共同点，抓住了共同点就是抓住了可谈话题。如果是因为话不投机，出现难题，那就要高姿态，求同存异，或是检讨自己的不妥之处，表示歉意。如果对方有什么顾虑，或是沉默的原因不明，那就没话找话说，随便找个话题，引起对方的兴趣，说个笑话，谈点趣闻都可以活跃气氛。

在初次交往中，各自都有一定的意图，那就可以依据你的意图，提问求答，你想了解什么就可以问什么。但在这样做的时候要注意两点：一是不要形成一串的盘问；二是不要探听对方的隐私。最好的做法是你想了解对方的什么情况，你就先谈自己的什么情况，扩大自己的开放区域，来促使对方扩大开放区域，这样就容易找到许多可谈的话题。如果你想了解对方的业余生活，可以问对方：平时有什么兴趣爱好？业余时间喜欢做点什么？但是很可能对方只说了"喜欢旅游，听听音乐"这么一句话，就不再说了。那你就谈谈自己的业余爱好，谈得具体、详细一些，这样就会引发对方的谈兴，使交谈趣味相投。

双方刚一接触，纯属个人生活的事情不宜多谈，但可以对时下的人所共知的社会现象、热点问题谈谈看法。如果对方对这一问题还不太清楚，你可以稍做介绍。例如近期影响较大的社会新闻、电影、电视剧和报刊文章等等，都可以作为谈话的题目和接近的媒介。

有些人对谈话的题材存在误解，以为只有那些不平凡的事件才值得谈。因此，和别人见了面想开口时，就会在脑子里苦苦思索，企图找一些怪诞的奇闻、惊心的事件或刺激新闻当话题。可是，这种话题毕竟不多。况且，有些轰动社会的新闻，不等你讲，人家也许早就知道得很清楚了。再者，由于对象不同，某一部分人爱听的，另一部分人未必感兴趣。这样做必然把话题囿于狭小的圈子里。

其实，人们除了爱听一些奇闻轶事外，更多的人是爱听与日常生活有关的普通话题。例如，孩子要入学，选择哪家学校比较好；花卉被虫子咬了，该买什么药；这周上映的电视，哪一部最值得看，等等。话家常并非是一般的寒暄，而是为了创造一种适宜的气氛，寻找契机，毫无保留地向对方敞开心扉，彼此产生心理共鸣，以达到心灵的沟通。

无论是交友还是办事，第一印象是至关重要的，良好的第一印象能助你加深对他人的了解，赢得更多交往的机会。

| 第四章 |

策略,让表达事遂人愿

策略对头,才能事遂人愿

说话要看准对方的心理及脾性,不能病急乱投医。策略对头,才能说话投机,事遂人愿。

说出的话表面上是指自己,实际是说对方,把自己贬低一番,使人觉得他要比你高明,你是需要帮助的弱者。

某公司老板刘先生资金周转不灵,资金如不及时到位,就会给公司带来许多不必要的损失。他本想贷款,而银行又不贷。

就在这个时候,刘老板忽然想起找孙经理帮忙。孙经理是一家大公司的经理,非常富有,不过为人却非常吝啬,简直就是一只铁公鸡,可刘老板却偏偏选中了他。

刘老板先发制人,他经过片刻的思考后,想出了一个计策,那就是因性制人地激一激他。于是他与孙经理约定了见面的日期和地点。

到了那天,刘老板很早便搭车前往。去时他换了一身很一般的衣服,又借了一双带补丁的皮鞋。不过,当车子离孙家还有200米时,他便下了车,用尽力气跑到孙家去。当时天气正炎热,刘老板满头大汗。孙先生见了便诧异地问道:"咦,你这是怎么搞的？"

"自行车半路上坏了，我怕赶不上时间，只好推着车子跑来了。"

"那你怎么不坐计程车呢？"

"你不知道，我一向很小气的，坐计程车要花很多钱，我又没有私车，父母赐给我这双脚最好，我碰到赶时间的时候，只要用它就可以，既省钱，又强身。总之，我是很吝啬的，鞋子破了都舍不得再买一双，可不像孙大经理。计程车只有你们这样的才可以坐嘛！"

刘老板事先调查过孙经理没有小车。

"我也很小气啊！所以我也没有自家的轿车。"孙经理谦逊地说。

"不，您是非常的节俭，而我才是小气鬼呢，您不知道，大家都叫我'严监生'呢？"

"但是我从来没听说过你是这种人，其实，我才真被人称作吝啬鬼呢。"

"哎呀！孙经理，人不吝啬的话，是无法创业的，所以，人不能太大方。我们应该小气、更小气，无论如何不能浪费钱财呀。"

"你说得太对啦。"孙经理竟一拍双腿，猛然站了起来。孙经理对刘老板的话产生了共鸣，有一种相见恨晚的感觉。这样孙经理破例慷慨地把钱借给了刘老板。

凭借道义激对方,能取得好效果

想要说服他人,却又抓不着突破口,是许多人说话难以进展的原因之一,但很多善于说话者,勇于从道义入口,深入对方心腑之事,激之以道义,让听话者不服也不行。

义,是一种促进力、凝聚力,它能让每一个具有基本道德的人主动担负起某些责任与义务。这也就是为什么当有些人面临困境,通过报刊、电台等媒体发出呼救时,会有许许多多素不相识的人伸出援助之手,献出一份爱心。因为这是从道义上激励了每一个普通人,从而借得了一分支持与帮助。

但也不是说所有以义相"求",其"求"的内容都是深远、重大的。在平常的生活琐事之中,仍然可凭借道义去激对方,为己办事,并能取得好的效果。

公元208年,刘备被曹操打得落花流水,逃至樊口,势孤力单,继续与曹军对抗完全没有前途可言,除与盘踞江东的孙权联手以外已别无他途。

这么重大的使命若交付一位平庸的使者,一定照实陈情:敌方势力强大,我方危在旦夕,请主公出兵相援不胜感激云云。刘

第四章 策略，让表达事遂人愿

备身边能胜此任的唯有诸葛孔明，他早就胸有成竹，自荐过江，寻求孙吴出兵抗曹。他后来终于说动孙权，成功地完成了联吴拒曹的使命，以至造成后来三国鼎立之势。你看，求人求得妙，是否可以创造历史？

诸葛亮是怎样打动孙权的呢？诸葛亮见到孙权先说这样一番话："如今天下大乱，将军在江东举兵，刘备在江南集结，目的都在与曹操争夺天下。眼下曹军势如破竹，威震天下，空有英雄气概对他是无可奈何的。加上刘备之军渐渐败退，将军您宜早做应对，好生斟酌才是。如果贵国的军力能够与曹操对抗，就即刻与他断交；如果无力与其对抗，那干脆就迅速解除武装、俯首投降算了。可依我看来，将军似乎在表面上要服从曹操，其实内心里很是犹豫不决。目前形势已很急迫，没有多少时间让您犹豫了，希望马上定下主意，否则后果不堪设想。"

孙权愣了一下，反问道："照你说的形势如此严峻，刘备怎么不赶快投靠曹操呢？"

孔明回答说："君差矣。齐国壮士田横您该知道，他在道义上不能投靠汉高祖，宁可自己结束自己的生命。而刘备是汉室后裔，具有英雄资质，目前虽然困顿，仍有八方壮士慕其英名，源源而来投奔。起兵抗曹，天之所命，至于事成与不成，只有靠天命决定。岂可向曹贼投降呢？"

孙权听后大叫一声："我拥有十万大军，承父兄之业，更岂可轻易言降？"

此时的孙权是一个26岁的青年将军，血气方刚，自尊心强得很。孔明就是利用孙权的这个特点,或者叫作弱点,用言语刺激孙权的自尊心,使他的意志向自己所期待的方向转化。

孙权虽然大叫不降,其实内心也很不踏实,又向孔明问道:"现在这种情况,除了刘备之外再找不到能与曹操作战的军队,可刘备最近连吃败仗,不知是否有军力与其再战?"

这些是孙权所真正担心的事情,他也明知道光凭东吴自己的力量敌不过曹军。

孔明早有准备,冷静地分析形势给孙权听,以打消他的不安。孔明说:"刘备确实吃了败仗,但现在军力不少于一万。而曹操之军虽众,但长途远征疲惫不堪。这一次为了追击我们,曹军的轻骑兵一昼夜竟跑了三百里,这好像古人说的,再有力的弓箭若射的距离过远,就连一张薄的布也无法穿过。再者,曹操北兵不惯水战,我方占有地利;荆州之民虽然表面上服从曹操,内心却是时时准备反抗。如果将军集精兵猛将与刘备之军配合,联手作战,一定会击败曹军。天时地利俱在,剩下的只看将军您的决断了。"

孔明这一番分析,指出强敌之短处,强调刘、吴潜在之长处,最后把事情成败的关键又推给了孙权自己,可谓步步高棋,招招妙算,使原本主意不定的孙权下定决心,联军抗曹,以致后来发生了三国时代最大的决战——"赤壁之战"。

"请将不如激将",动之以情,晓之以理,木头人也会流泪的。诸葛亮采用"激将法",既达到了求人的目的,自己又没损失什么,实在妙不可言。

第四章 策略,让表达事遂人愿

旁敲侧击点"要害"

很多时候,我们要达到说话的目的,直说不行,还需要旁敲侧击,抓住对方的一些"要害",要隔重纸,不一语点破,但要一语道的,点到为止,对方的心理防线无形之中就被攻破。

裴旻是唐朝开元年间东都洛阳的一位将军,剑法超群,无几人能出其右。

裴旻不仅剑舞得好,而且酷爱书画。一次,他家有亲人亡故。为表达对死者不尽的哀思,他想请人在天宫寺绘制一幅壁画,一来为亲人超度亡灵,二来也暗合了自己的嗜好。于是遍访各地,但一直未找到合适的画师。

事有凑巧。一日,他来到天宫寺,巧遇画家吴道子和书法家张旭,裴旻高兴得手舞足蹈。

他热情迎上前去,主动报上姓名,盛情邀请二位艺术家到一家酒店"便宴"。二位也不推辞,口呼"幸会",脚已毫不犹豫地迈向酒店。

席间,裴旻虚心请教画坛之事。吴道子像是遇到知己般大谈画坛境况。裴旻直点头,大叫深刻、精辟。很受启发。

不会表达，你就输了

酒过三巡，裴旻道出自己的心事，并分别给二位送上玉帛十匹、纹银百两，作为作画、题字的酬礼。

哪知二位艺术家笑意全消，立刻冷若冰霜，拂袖而去。

裴旻见状，心想大约是两位艺术家嫌这报酬太低，有辱"大师"名声。我只给他们如此微薄的报酬，太少、太不像话。

他立即痛心疾首，带着痛改前非的诚恳表情拦住二位，赶忙赔礼道歉："二位先生莫嫌钱少，我这是分期付款。等画做好之后，我再补齐。"

吴道子听罢，怒从心起："裴将军不是太小看人了吗？"说罢，气咻咻转头就要走。

裴旻觉得十分难堪。他想，论社会地位，我不比你们低，我是将军；论本事，也是各有所长，说不上谁高谁低。你画画得好，字写得棒，我的剑术亦堪称一流。今天我屈尊求画，反在这公共场合受到冷落，好生尴尬。裴旻不由怒气上升，一时难以压下。

裴旻有个"毛病"，一怒就要舞剑。这大约是战场上培养出来的条件反射。只见他脱掉孝服，拔剑起舞，身子左旋右转，宝剑上下翻飞。吴、张二位看得津津有味，频频点头。在场围观的游人，个个惊得目瞪口呆，都忘了叫好。

裴旻一边挥剑狂舞，一边口中念念有词："什么大师！什么书圣！画圣！我看是欺世盗名，徒有其表！光会舞文弄墨，描些香草美人，于世道无补，甚至不能助我尽一份人子的孝心……还不如咱手中这把剑，可以斩妖驱邪，换来人间太平。有能耐来呀，是骡子是马牵出来遛遛！"

吴道子、张旭听着，面面相觑，不禁汗颜，看罢舞剑，上前与裴旻长时间地热情握手、拥抱。"刚才不是我们故意使你难堪，实在是我们太厌恶铜臭味。我们绝不为了钱而出卖艺术。"

说罢，吴道子灵感大发，挥动如椽大笔，在画壁上舞墨作画，一气绘成一幅巨型壁画。这就是吴道子平生最得意的《除灾灭患图》。

交谈中，难免要试图使他人接受自己的建议或意见，如果此时说话不当，有时别人并不应允，如果运用直截了当的请人办法，他们也会一再地拒绝，在这种情况下，巧用侧面突袭法则会起到平时难以达到的作用。

下面是美国黑人富豪约翰逊的经验："1960年，我决定在芝加哥为我们公司总部兴建一座办公大楼，为此我出入无数家银行，但始终没贷到一笔款。于是，我决定先上马后加鞭，设法将自己的200万美元凑集起来，聘请一位承包商，要他放手进行建造，好让我去想方设法筹集所需要的其余500万美元。假如钱用完了而我仍然拿不到抵押贷款，他就得停工待料。

"建造开始并持续施工，到所剩的钱仅够再花一个星期的时候，我恰好和大都会人寿保险公司的一个主管在纽约市一起吃晚饭。我拿出经常带在身边的一张蓝图，正准备将它摊在餐桌上时，他就对我说：'在这儿我们不便谈，明天到我的办公室来。'

"第二天，当他断定大都会公司很有希望给我抵押借款时，我说：'好极了，唯一的问题是今天我就需要得到贷款的承诺。'

不会表达，你就输了

"'你一定在开玩笑，我们从来没有在一天之内给过这样贷款的承诺。'他回答。

"我把椅子拉近他，并说：'你是这个部门的主管。也许你应该试试看你有无足够的权力，能把这件事在一天之内办妥。'

"他微笑说：'你这是逼我上梁山，不过，还是让我试一试看。'

"他试过以后，本来办不到的事终于办到了，而我也在我的钱花光之前几小时回到芝加哥。"

侧面突袭，务必找到并击中对方的要害，迫使他就范。就这件事来说，要害是那位主管对他自己权力的尊严感。

约翰逊在谈话中暗示，他怀疑那位主管是否拥有那么大的权力。主管听了这话，感到自己的权力威严受到了挑战。那好，就证明给你看！

人的自尊、名声、荣誉、能力……，都可以作为"正话反说"的武器。而且这种武器，只要运用得当，定能无往而不胜。

正话反说的说服技巧

"三十六计"中有"声东击西"一计,正话反说正是追求这种效果,指哪并不打哪,而是在别人毫不知觉时,靠突袭得手。

战国时期,楚国有一位能言善辩的天才大师叫优孟,他善于在谈笑之间劝说国君。楚庄王有匹爱马,楚庄王看重此马远远超过人。比如他给马披上锦绣的衣服,养在华丽的屋里,马站的地方设有床垫,并用枣脯来喂它。马因吃得太好太多,患肥胖病死了。庄王竟然下令全体大臣给马戴孝,不仅准备给马做棺材,还要用大夫的礼仪安葬。

群臣一致反对,认为这样做不对,文武百官纷纷上书劝庄王别这样做。对此,楚庄王十分反感,他立即下令说:"有谁再敢对葬马这件事进谏,格杀勿论!"

由于庄王的淫威,群臣都不敢说话了,只有优孟一听到庄王的命令,立即来到殿门,刚步入门阶就仰天大哭。庄王见他哭得这么伤心,觉得很惊奇,问他为什么大哭。

优孟说:"这匹死去的马,是大王最疼爱的,楚国是堂堂大国,用大夫的礼仪来安葬,礼太薄了,一定要用国君的礼仪来安葬它。"

楚庄王听到优孟不像群臣那样拼死劝谏，而是支持他的主张，不觉喜上心头，很高兴地问："照你看来，应该怎样办才好呢？"

"依我看来"，优孟清了清嗓子，慢慢说，"以雕工做棺材，用耐朽的樟木做外椁，以上等木材围护棺椁，派士兵挖掘墓穴，命男女老少都参加挑土修墓，齐王、赵王陪祭在前面，韩王、魏王护卫在后面，用牛、羊、猪来隆重祭祀，给马建庙，封它万户城邑，将税收作为每年祭马的费用。"说到这里，优孟才将话锋一转，指出了庄王隆重葬马之害："这样，诸侯听到大王对死马的葬礼如此隆重，都知道大王认为人卑贱而马尊贵了。"

这么一点，确是点到庄王葬马的要害，一个统治者竟"贱人而贵马"，必然为世人所厌弃，问题如此严重，不能不使庄王大为震惊，说："寡人要葬马的错误竟到了这么严重的地步吗？怎么办才好呢？"

优孟说："请让我为大王用费六畜的办法来葬马：用土灶作外椁，用大锅作棺材，用姜枣作调味，用木兰除腥味，用禾秆作祭品，用火光做衣服，把它葬在人的肚肠里。"于是，庄王听从优孟的劝谏，派人把马交给掌管厨房之人去处理，不让此事传扬出去。

优孟采用的说服策略就是正话反说。正话反说是待人处世中有效说服别人的技巧之一，其特点就是字面意思与本意完全相反，让听者自觉去领悟，从而接受你的劝说。优孟因侍从庄王多

第四章 策略，让表达事遂人愿

年，熟知庄王的性情，知道对此时的庄王，忠言直谏、强行硬谏都不可见效。优孟从称赞、礼颂楚庄王"贵马"精神的后面烘托出另一种相反的又正是劝谏的真意——讽刺庄王的昏庸举动，从而把庄王逼入死胡同，不得不回头，改变自己的决定。在特定的情况下，采用正话反说的方法，会收到意想不到的奇效。

另外，在待人处世中，如果你的实力比对方强大得多，当然可以泰山压顶，一举歼灭。但是如果对手十分强大呢？以硬对硬，即使勉强能胜，也要给自己造成很大伤害。或者对方实力远强过你，又该如何呢？特别是平时的待人处世，整天面对的不是敌人，而是朋友、友军或者需要长期维持友好关系的同事，这时则不能采取强硬的手段。怎么办？俗话说，滴水可以穿石，柔竹能敌强风，在不能采用强硬手法的时候，不妨来个绵力相迎，以柔克刚，抓住对方要害，一软到底，玩好"太极推拿手"，让对方感到担心。

不会表达，你就输了

不能直指缺点而不留情面

中国有句俗话："宁在人前骂人，不在人后说人。"这个意思就是说，别人有缺点有不足之处，你可以当面指出，要他改正，但是千万别当面不说，背后乱说，这样的人，不仅会令被说者讨厌，同样也会令听说者讨厌。

同样是直来直去的人，有的人处处受到欢迎，而有的人却处处得罪人，人们都不愿意与他交往。

这就涉及讲话的方式方法的问题。首先澄清一点，直爽并不等于言语毫无顾忌，只图一时之快，不讲方式方法。而那些因说话直而得罪人的人，问题就出在方法上。有的人讲话不分场合，比如批评别人，虽然你心地坦荡，毫无恶意，但因为没考虑到场合，使被批评者下不了台，面子上过不去，一时难以接受。对方的自尊心被伤害，当然会对你有意见。

再有一种情况，可能平时说话时没有注意，触动了别人的短处或隐私，无意之中也得罪了人。

一旦知道自己说话直得罪了人，就要找机会真诚地向对方道歉，取得谅解。如果你是在公共场合伤了他的自尊，你不妨在原来听到的人都在场的情况下,巧妙地以意义相反的话抵消前面话的副作用,对方见你已经改正错误,自会谅解你。

不过,如果你一向说话很直,经常得罪人,你千万不要依靠道歉来取得别人的原谅,因为如果你经常伤害一个人,又经常向他道歉,他一定会认为你是口是心非或是有意伤害他。

你不妨回过头来检查一下自己:是不是忽略了场合?说话方式是不是触及了别人的隐私?同样是提意见,为什么不以好的方式达到预期的效果呢?说话时先为对方着想,不要动辄以教训的口吻指责别人,要注意维护对方的自尊。这样你就会成为一个受欢迎的直率人。

另外,特别需要指出的是,不能在背后议论同事——即使你的领导已主动开了头。

有一天,刘科长突然问小赵:"你觉得魏某这个人怎么样?"一时间,小赵不知道如何应答才好。这是关于人格性情的问题,如果回答,无疑是背后说人闲话了。

"谁人背后无人说,谁人背后不说人。"这话虽然说得有些绝对,却也说明了一个道理,那就是,大多数人都多多少少的在背后议论过别人,只是所说的是好话还是坏话无从考证了。不过有一点,经常在背后说别人坏话的人,肯定不会是受欢迎的人。因为凡是有点头脑的人,都会自然而然地这么想:这次你在我面前说别人的坏话,下次你就有可能在别人面前说我的坏话。这样一来,你在别人的印象中就不可能好到哪里去。

在日常生活中,常常会遇到别人在你面前说另一个人的坏话，对此，你就得端正态度，用辩证的思维去考虑这种情况，把握好应对的分寸。

　　话不可说过头，讲话宜讲究一定的方式方法。例如，提建议或意见时，不宜伤人自尊，同时又能使人接受，这就不能直接指出他人的缺点而不给对方留下情面。

反击既要有力有据,又要富有涵养

争辩是日常说话中在所难免的事情,但争辩的语言很重要,一方面要反击有力有据,富有涵养;另一方面争辩中也要保全对方的脸面,给别人一个台阶下。

在对外交往中,由于各自的利益不同或者对立,在言语上发生对抗的事是经常发生的。但这种对抗又有特定的要求:一方面要义正词严,反击有力,能捍卫自身利益;另一方面,又要注意方式方法,以树立良好的国际形象。

在反击对方的无理言行时,自己的言语必须与对方的言语相关,同时能迅速接过对方言语中的词语、话头,而展开辩驳。

1955年秋,西德总理阿登纳出访莫斯科,和赫鲁晓夫进行了会谈。两人性格都非常顽强、自负。双方的交谈充满了对抗,唇枪舌剑,针锋相对。赫鲁晓夫有一次在对一项德国建议作出反应时说:"在我同意你这个意见之前,我要先到地狱里去拜访你!"

阿登纳立即反击:"如果你在地狱里看到我,那只是因为你比我先到那里!"

阿登纳抓住赫鲁晓夫话语中的"到地狱"一词进行了迅速的

不会表达，你就输了

反击。

　　有时对方的话语很"冲"，而自己却不能暴跳如雷，破口大骂。那样，一方面由于失态而破坏自我形象，另一方面也会因情绪激动而减弱自己话语的反击力。高超的反击，应当是情绪平稳、彬彬有礼和富有涵养的。

　　1957年，尼克松出访苏联。在此之前，美国国会通过了一项关于被奴役国家的决议。赫鲁晓夫在与尼克松的会谈中激烈地抨击这个决议，并怒容满面地嚷了一番话："这项决议很臭，臭得像马刚拉的屎，没有什么东西比那玩意儿更臭了。"

　　此话是很粗野的，就连赫鲁晓夫的译员听了也顿时涨得满脸通红，好一会儿，才把此话翻译过来。对此，尼克松当然要进行"反击"。要知道，当译员在翻译时，赫鲁晓夫正两眼盯着尼克松呢。但如何反击呢？如果大骂一番，显然反击无力。尼克松想起为他准备的背景材料中曾提到赫鲁晓夫年轻时当过猪倌，他还想起他小时候就知道，马粪常常被用作肥料，但有一次他的邻居用了一担猪粪，那可真是臭气冲天。于是尼克松逼视着赫晓鲁夫的眼睛，用交谈的口气回答说："恐怕主席说错了，还有一样东西比马粪更臭，那就是猪粪。"

　　尼克松说此话时在表情上神态自若，内容上却暗露锋芒，因此反击力特强，说得赫鲁晓夫欲怒不能，只得转过话题，谈论别的事情了。

　　当然，"反击"要看准目标，不能过于敏感，疑惑重重，那样反而有失风度与涵养。

第四章 策略，让表达事遂人愿

1959年赫鲁晓夫出访美国，两国领导人在共进午餐时闲聊。艾森豪威尔想使谈话的气氛轻松些，于是问赫鲁晓夫在假期最喜欢干什么。赫鲁晓夫说他喜欢到黑海海滨游泳或者去乡间打猎。艾森豪威尔说他喜欢出去钓鱼和打高尔夫球，但很难避免不受电话的干扰。赫鲁晓夫听了译员的翻译之后生气地说："我们苏联也有电话，事实上，我们的电话不久就要比你们美国还多。"应该说，赫鲁晓夫过于敏感了，失去了应有的风度和涵养。

不会表达,你就输了

用机智语言化解难堪

令人尴尬的场面也许人人都经过。当你陷入某种难堪境地时,默不作声,生气以至动怒,都难以摆脱窘境,而有时一两句机智、巧妙的话语却可以打破沉寂,摆脱难堪,使你心中的不快烟消云散。

春节期间,列车上尤其拥挤。亚男中途上车,见对面两边座席上坐着三个年轻人,边座空着,就走了过去。问:"同志,这儿没人吧?"对方说:"没有。"亚男于是放下了东西,准备就座。不料,那个男青年突然把腿放到了座席上。她当时一愣,问:"你这是为什么?"

"因为你不会说话。"

"那么,请问该怎么说?"

对方眯起眼睛,装腔作势地说:"看来你是井里的青蛙,没见过多大的天地。让大哥告诉你。你得这样说:'大哥,这有人吗?小妹我坐这可以吗?哈哈哈哈……'"说完,肆无忌惮地狂笑起来。

看他和他的同伴们得意忘形的样子,亚男说:"听你这一说,

第四章 策略，让表达事遂人愿

我确实没见过你们这种独特的'礼貌'方式。不过，你们既然见过世面，又有自己独特的礼貌方式，见了我，就应按照我们的礼貌方式办事才对。"

"你说怎么办？"

"那还不容易？看见我来了，就该起身肃立，躬身致礼，说：'大姐，这儿没人，小弟请你赏脸，坐这可以吗？'哎，可惜呵可惜，你连自己的'礼貌'信条都做不到，还想教训别人，真是土里的死蚯蚓，一点蓝天都没见过。"

亚男的话，逗笑了周围的乘客，包括另外两个青年。只见那位挑衅者的脸一白一红，尴尬极了。他的另一个同伙忙打圆场道："快请这位小姐坐下吧，咱惹不起。"

面对嬉戏，亚男既没有暴跳如雷，也没因被戏弄而羞赧结舌，而是采取了笑里藏刀术，以柔克刚，挫败了对方。如果她采用怒火中烧的处理办法，结果恐怕就不会如此轻松了。

论辩中，掌握分寸，在轻松愉快的笑谈之中暗藏斥责，往往能化难为易，并且常常能在不露声色、和风细雨中，巧妙地达到猛烈抨击对方、鞭挞对方的目的。

巧妙地借用对方非难、责难时的某些字眼或惯用词汇将计就计，移花接木，把"脏水"反泼到对方头上或以此来分散人们的注意力。

英国首相威尔逊在一次群众大会上演讲时，反对者在下面鼓噪，其中一人高声大骂"垃圾"。为了不使一场严肃的演讲变成一场可笑的争吵，威尔逊用冷静的口吻说："先生，关于你特别感兴趣的问题,我们一会儿再讨论。"

美国的林肯总统也有过类似的遭遇。一次,他正在演讲时,一位先生递给他一张纸条,林肯拆开一看,只有两个字——"傻瓜"。林肯镇静地说:"本总统收到过许多匿名信,全都只有正文,不见署名,而今天正好相反,刚才那位先生只署了自己的名字,却忘了给我写信。"

当年国民党考试院院长戴季陶要在广汉建造私邸,建筑师把一位老秀才的三间破屋也划在圈内。老秀才陷入了困境。

朋友们给老秀才出点子,要他利用戴季陶信佛的心理,说这里风水不好。于是,老秀才给戴写了一封信:"戴公传贤院长大人钧鉴:迩闻我公于梓里兴建华堂,为广汉古城增色,不胜欣喜。然而动土露去敝舍柴屋三间,本应理当奉献大人,唯此房历来风水败逆,贻误子孙繁衍。如此不毛之地,今我公改建公园,未免魑魅魍魉作怪,不利长居久安……"

戴季陶见信后很生气,当即派人将老秀才三间柴房归还。老秀才"明修栈道"——说风水不好,会闹鬼,这全是为戴院长着想;"暗渡陈仓"——利用信佛人的忌讳,保住了柴屋。

许多人都有这种经历:寒冷的冬天能挨得过,闷热的夏季实在难熬。原因很简单,冬天能生火,运动驱寒;而夏季却不能整天泡在水里避高温。说话也是这样,义正词严容易反击,恶言秽语却难对付,对于这种情况,不宜动粗而宜机智化解之。

认清意图再开口

要想获得他人话语中的真实含义，必须懂得察言观色，善加分辨，认清对方是真要你开口，抑或只是礼貌性地客套。最好在说话时巧妙地拐个弯儿，千万不要"乱放炮"。因为每个人都需要自尊，需要面子。

做老实人说老实话，应该是待人处事的一条准则，但直炮筒子未必受欢迎。中国人的行为模式很特殊，最明显的一点就是，表面上一套，实际上可能是"意在言外"。换句话说，就是嘴上说喜欢"直来直去"，内心深处却并不喜欢"直来直去"。当对方回答"不"的时候，未必真的是"不"，很可能只是碍于面子，第一次需要拒绝来拿拿架子，摆摆谱，或是客套的礼貌性回答。而第二次再恳求时，对方可能就同意了。反过来说，当对方说好的时候，也未必就表示同意，或许只是不愿当面给你难堪而已！

理论上讲，待人处事应该做到坦诚，不说假话，直来直去。而且在现实中，人们口头上也一向把直来直去的性格作为一种美德，倍加赞赏。如果你随便问一个朋友：你喜欢什么样性格的人？他往往会回答：性格豪爽、直来直去。人们在称颂某人时，也往往说:"他性格爽直,说话从不拐弯抹角,直来直去。"

明白了这个道理,也就知道为什么在待人处事中,为什么许多事情上司说"研究研究"之后便没了下文;为什么对上司提意见"直来直去"的人,却不仅难以获得上司的满意,反而会因此而遭到打击报复。

朱元璋称帝后,要册封百官,可当他看完花名册时,心里又犯起了愁。因为功臣有数,但亲朋不少。封吧,无功受禄,群臣不服;不封,面子上过不去。军师刘伯温看出朱元璋的难处,又不敢直谏,一来怕得罪皇亲国戚,惹来麻烦,二来又怕朱元璋受不了,落下罪名。但想到国家大事,不能视而不见。最后,他想出一个方法,画了一幅人头像,人头上长着束束乱发,每束发上都顶着一顶乌纱帽,献给了朱元璋。朱元璋接过画,细品其味,忽然哈哈大笑道:"军师画中有话,乃苦口良药。真可谓人不可无师,无师则愚;国不可无贤,无贤则衰!"原来,刘伯温话的意思是,"冠(官)多发(法)乱!"刘伯温此举,不但未伤害到朱元璋的面子,不犯龙颜,还道出了谏言:官多法必乱,法乱国必倾,国倾君必亡。画中有话,柔中有刚,称得上是待人处事高明的"说话带弯儿",使听者懂得话外之音,达到预期的目的。

另外,说话带弯儿,还能巧妙劝说上司改正自己所做出的错误决定,让上司从你的带弯儿话中,自己悟出应该如何去做。

春秋时的晋国,自晋文公即位后,发愤图强,使得国家迅速兴盛起来,成为春秋时的一大强国,晋文公也成了一代霸主。可接下来,晋襄公、晋灵公却不思振作,只图享乐。晋国的霸主地

第四章 策略,让表达事遂人愿

位也不知不觉地被楚庄王代替。晋灵公即位不久,不思进取,大兴土木,修筑宫室楼台,以供自己和嫔妃们享乐游玩。有一年,他竟挖空心思,想要建造一个九层高的楼台。可以想见,在当时那种条件下,如此宏大复杂的工程,要耗费多少人力、物力!无疑会给老百姓造成沉重的负担,使国力衰竭。因此,大臣和老百姓都反对建九层楼台。但是晋灵公固执己见,并且在朝堂之上严厉地对大臣说:"敢有劝阻建楼台的,立即斩首!"气氛十分紧张。一些想保全身家性命的大臣,都吓得噤若寒蝉,谁愿意去送死呢?再没有人敢说反对的话!

一天,有个叫荀息的大夫求见。晋灵公以为他是来劝谏的,便命人拉开弓,搭上箭,只要荀息开口劝说,他就要射死荀息。谁知荀息进来后,像是没看见这阵势一样,非常轻松自然,笑嘻嘻地对晋灵公说:"我今天特地来表演一套绝技给大王看,让大王开开眼界,散散心。大王您感兴趣吗?"晋灵公一听有玩的就来神儿了,忙问:"什么绝技?别卖关子了,快表演给我看看。"荀息见晋灵公上钩了,便说:"我可以把九个棋子一个个叠起来以后,再在上面放九个鸡蛋。"

晋灵公听到这事十分新鲜,不相信荀息会有这么高的技艺,便急忙说道:"我从未听过和见过这种事,今天就请你给我摆摆看!"晋灵公叫人拿来棋子和鸡蛋后,荀息便动手摆了起来。他先是小心翼翼地把九个棋子堆了起来,然后又慢慢地将鸡蛋放置在棋子上。只见他放上第一个鸡蛋,又放第二个,第三个……战战兢兢,如履薄冰。

不会表达，你就输了

这时，屋子里的气氛十分紧张、沉寂，只能听到鸡蛋碰到棋子的声音，围观的大臣们全都屏住呼吸，生怕鸡蛋落下来。荀息也紧张得额头冒汗。晋灵公看到这情景，禁不住大声说："这太危险了！这太危险了！"晋灵公刚说完"危险"，荀息就从容不迫地说："我倒感觉这算不了什么危险，还有比这更危险的呢！"晋灵公觉得奇怪，因为对他来说，这样子已经是够刺激，够危险的了，还会有什么更惊险的绝招呢？便迫不及待地说："是吗？快让我看看！"这时，只听见荀息一字一句、非常沉痛地说："九层之台，造了三年，还没有完工。三年来，男人不能在田里耕种，女人不能在家里纺织，都在这里搬木头、运石块。国库的金子也快花完了。兵士得不到给养，武器没有金属铸造。邻国正在计划乘机侵略我们。这样下去，国家很快就会灭亡。到那时，大王您将怎么办呢？这难道不比垒鸡蛋更危险吗？"晋灵公听到这种十分合理又十分可怕的警告，不由得吓出一身冷汗，意识到了自己干了一件多么荒唐的事，犯了多么严重的错误，便对荀息说："搞九层之台，是我的过错。"立即下令停止筑台。

| 第五章 |

思考,让表达充满智慧

不会表达，你就输了

开口之前要三思

舌头是圆的，舌头也是软的，但又软又圆的舌头能把丑话说成好话，把好话说成丑话，这就要表达者说话小心谨慎三思而行。

一言兴邦，一言丧邦。虽然每个人都会说话，但话说得好的人却不多，说话并不见得比写文章容易，文章写错了可以修改，而一句话说出来了，要想修改是比较困难的。正所谓"说出去的话，泼出去的水"，就是这个意思。

有一则流传已久的笑话，说的是一位工会主席召集五个委员开会。开会的时间早已过了，可是只来了三个。他叹气说道："唉，该来的没有来！"有个委员听了这话觉得很不自在，他想：莫非我是不该来的人？于是这个委员悄悄地走了。工会主席见状，又叹道："唉，不该走的走了！"剩下的两个委员听工会主席这么说，误认为他俩是该走而没有走的人，于是一气之下全走了。可见，只因为说话不妥当，非但会议没开成，而且还得罪了人。工会主席用舌头给对方心里留下的阴影，恐怕短时间内难以抹去。

第五章 思考，让表达充满智慧

正因为如此，在待人处世中，要让你的舌头能吐出莲花来，多说一些好听话、顺心话。

鬼谷子认为：与智慧型的人说话，凭借的是见闻广博；与见闻广博的人说话，凭借的是辨析的能力；与善辩的人说话，就要简明扼要；与上司说话，就要用奇妙的事来打动他；与下属说话，就要用好处来说服他；别人不愿意做的事情，就不要勉强；对方所喜欢的，就模仿而顺从他；对方所讨厌的，就避开而不谈它。能做到这些，就算利用好了你的舌头。

汉高祖刘邦打败了项羽，平定天下之后，开始论功行赏，群臣在这个时候，彼此争功，吵了一年多都无法确定。刘邦认为萧何功劳最大，就封萧何为侯，封地也最多，但群臣却心中不服，议论纷纷。在封赏勉强确定之后，对席位的高低先后又起争议，大家都说："平阳侯曹参身体多次受伤，而且攻城略地，功劳最多，应当排他第一。"刘邦因为在封赏时已经委屈了一些功臣，多封了许多给萧何，所以在席位上也不好再坚持，但心中还是想将萧何排在首位。

这时候，关内侯鄂君已经揣摩出刘邦的意图，就不顾众大臣的反对，挺身上前说道："群臣的评议都错了！曹参虽然有攻城略地的功劳，但这只是一时之功。皇上与楚霸王对抗五年，时常丢掉部队，四处逃避。而萧何却常常从关中派兵员填补战线上的漏洞。楚、汉在荥阳对抗了好几年，军中缺粮，都是萧何转运粮食补给关中，粮饷才不至于匮乏。再说皇上有好几次逃到山东，都是靠萧何保全关中，才能接济皇上的，这才是万世之功。如今即使少了一百个曹参,对汉朝有什么影响?为什么你们认为一时之功高过万世之功呢?我主张萧何第一,曹参其次。"

刘邦听了,自然是无比高兴,连忙说:"好,好!"于是下令萧何排在第一,可以带剑入殿,上朝时也不必急行。

刘邦分封诸侯的时候,将一些从前跟着他出生入死、身经百战的功臣比喻为"功狗",而将发号施令、出谋划策的萧何比喻为"功人",所以萧何的封赏最多。明眼人一看就知道刘邦宠幸萧何,因此在安排入朝的席位上,高祖虽然表面上不再坚持萧何应排在第一,但鄂君早已揣摩出他的心意。于是顺水推舟,专拣好听的话讲,刘邦自然高兴。鄂君因此而被改封为"安平侯",封地也比原来多了近一倍。鄂君在关键时刻说的几句话,使他一生享尽荣华富贵。

语言是工具,而且是个绝世好"工具",但要把这工具利用得完美无瑕,也是很不简单的。

说话切莫"口无遮拦"

在交际场上口若悬河、滔滔不绝,这固然是不少人所向往的。但是,假若口无遮拦,说漏了嘴,说错了话,也是很难补救的,所以说话应讲究"忌口"。否则,若因言语不慎而让别人下不了台,或把事情搞糟,是不礼貌的,也是不明智的。

热衷于打听别人隐私的人是令人讨厌的。在西方人的应酬中,"探问女士的年龄"被看成是最不礼貌的习惯之一,所以西方人在日常应酬中可以对女士毫无顾忌地大加赞赏,却不去过问对方的年龄。

人们似乎都有一大爱好,那就是特别注意他人的隐私,而且尤以注意名人的隐私为最。那些街头小报一旦出现了一篇有关某某名人的隐私,如"某某离婚揭秘"、"某某情变内幕"之类,就容易被哄抢一空。

在与人交往中,为了避免引起别人的不快,一定要避免探问对方的隐私。在你打算向对方提出某个问题的时候,最好是先在脑中过一遍,看这个问题是否会涉及对方的个人隐私,如果涉及了,要尽可能地避免,这样对方不仅会乐于接受你,还会为你在

不会表达，你就输了

应酬中得体的问话与轻松的交谈而对你留下好印象，为继续交往打下了良好的基础。

有人喜欢当众谈及对方隐私、错处。心理学研究表明：谁都不愿把自己的错处或隐私在公众面前"曝光"，一旦被人曝光，就会感到难堪而恼怒。因此在交往中，如果不是为了某种特殊需要，一般应尽量避免接触这些敏感区，免使对方当众出丑。必要时可采用委婉的话暗示你已知道他的错处或隐私，让他感到有压力而不得不改正。知趣的、会权衡的人只需"点到即止"，一般是会顾全自己的脸面而悄悄收场的。当面揭短，让对方出了丑，说不定会恼羞成怒，或者干脆耍赖，出现很难堪的局面。至于一些纯属隐私、非原则性的错处，最好的办法是装聋作哑，千万别去追究。

在交际场上，人们常会碰到这类情况，讲了一句外行话，念错了一个字，搞错了一个人的名字，被人抢白了两句等等。这种情况，对方本已十分尴尬，生怕更多的人知道。你如果作为知情者，一般说来，只要这种失误无关大局，就不必大加张扬，故意搞得人人皆知，更不要抱着幸灾乐祸的态度，以为"这下可抓住你的笑柄啦"，来个小题大做，拿人家的失误来做取乐的笑料。因为这样做不仅对事情的成功无益，而且由于伤害了对方的自尊心，你将结下怨敌。同时，也有损于你自己的"光辉"形象，人们会认为你是个刻薄饶舌的人，会对你反感、有戒心，因而敬而远之，所以，不要故意渲染他人的失误。

在社交中，有时遇到一些竞争性的文体活动，比如下棋、乒乒球赛等。尽管只是一些娱乐性活动，但人的竞争心理总是希望成为胜利者。一些"棋迷""球迷"就更是如此。有经验的社交者，在自己取胜把握比较大的情况下，往往并不把对方搞得太惨，而是适当地给对方留点面子，让他也胜一两局。尤其在对方是老人、长辈的情况下，你若穷追不舍，让他狼狈不堪，有时还可能引起意想不到的后果，让你无法收场。其实，只要不是正式比赛，作为交流感情、增进友谊的文体活动，又何必酿成不愉快的局面呢？在其他的事情上也一样，集体活动中，你固然多才多艺，但也要给别人一点表现自己的机会；你即使足智多谋，也不妨再征求一下别人的意见。"一言堂""独风流"是不利于社交的。此时，要给对方留点余地。

　　在交往中，我们有时结识了新朋友，即使你对他有一定好感，但毕竟是初交，缺乏更深切的本能性的了解，你不宜过早与对方讲深交、讨好的话，包括不要轻易为对方出主意。因为这很可能会导致"出力不讨好"的结果。因为对方若实行你的主意，却行不通，好友尚可不计，但其他人则可能以为你在捉弄他，即使行之有效，他也不一定为几句话而感激你。除非是好友，否则不宜说深交的话。

　　有些事情，对方认为不能做，而你认为应该做；或者对于某事，你是箭在弦上，不得不发，而他却又认为不该做，或做不了。这时你不要把自己的意见强加于他。强人所难，是不礼貌、不明智的。有的人说话时旁若无人、滔滔不绝，不看别人脸色，不看时机场合，只管满足自己的表现欲，这是修养差的表现。说话应注意对方的反应，不断调整自己的情绪和讲话内容，使谈话更有意思，更为融洽。强人所难和不见机行事都是应当避免的。

你必须注意，即使是一个很好的题材，说时也要适可而止，不可拖得太长，否则会令人疲倦。说完一个话题之后，若不能引起对方发言，或必须仍由你支撑局面，就要另找新鲜题材，只有如此，才能把对方的兴趣维持下去。在谈话当中，对方的发言机会虽为你所操纵着，但你必须时常找机会诱导对方说话。比如说到某一环节时可征求他对该问题的看法，或在某种情形时请他介绍自己的经验等，务使对方不致呆听，才不失为一个善于说话的人。话题转了两三次，而对方仍无将发言机会接过去的意思，或没有做主动发言的表示时，你应该设法把这个谈话结束。即使你精神还好，也应让别人休息休息了。自己包办了大半的发言机会，是不得已时才偶尔为之的方法，若以为别人爱听自己的话，或不管别人是否感兴趣，只顾自己随意说下去，那就有失说话的滴水不漏了。

在任何地方和场合，针对任何话题，我们都要做到尽量少说话，不要口无遮拦。

时刻重视说话的礼貌

尊重他人是交谈中必不可少的，我们要时刻重视对人的尊重和说话的礼貌，不要在话语中透着高人一等、聪明过人的姿态和模样。

抗战胜利后，张大千要从上海返回四川老家，行前好友为他设宴饯行，并特邀梅兰芳等人作陪。宴会开始，大家请张大千坐首座。张大千风趣地说：

"梅先生是君子，应坐首座；我是小人，应陪末座。"

梅兰芳和众人听了都不解其意。于是张大千解释说："不是有句话讲'君子动口，小人动手'吗？梅先生唱戏是动口，我作画是动手，我理该请梅先生坐首座。"

满堂来宾听后为之大笑，并请两个人并排坐了首座。张大千自称为"小人"，好似自贬，实则"醉翁之意不在酒"，是对梅先生尊重的表示。它表现了张大千的豁达胸怀和谦虚美德，又制造了宽松和谐的交谈氛围。看来尊重对方在人际交往中是非常必要的，如果做不到这一点，就容易使彼此的关系陷入僵局。

一位知名的企业家，有一次代表公司与另一家公司洽谈合作

不会表达，你就输了

业务，但他却在约定的时间过了以后才来，一见面就一本正经地向对方说："我忙得不得了，我们长话短说，一会儿我还有事。"

事实上，这句话说得大错特错，因为这是公司与公司洽谈业务，不是个人往来，是一种商业上的正式公关活动，不管公司规模大小，也不管知名度高低，就其地位来说，都是平等的。

这位企业家的言行举止，无疑是在向对方暗示："我是大企业的老板、大忙人，自然地位也高于你，我能来已经是给你面子了。"

他这种狂妄自大的心态，毫无保留地表现在言语上，不但语气令人听了不舒服，用词也不当，像那些"不得了""只能""很少""一点"等等"自大型"的形容词，全都是为了炫耀自己，贬低别人，根本就犯了人际往来的大忌。

因此，此话一出口，对方公司代表人心里自然不是滋味。结果人家送上门来的一笔几十万元的生意，就此告吹。

俗话说："骄傲是失败的种子。"这个故事告诉我们：对人的尊重和说话的礼貌，是任何一个想成功的人都不能掉以轻心的。

不仅在生意场上应该相互尊重，朋友之间，甚至夫妻之间，都不能忽视相互尊重的问题。

无论你采取什么方式指出别人的错误：一个蔑视的眼神，一种不满的腔调，一个不耐烦的手势，都有可能带来难堪的后果。你以为他会同意你所指出的吗？绝对不会！因为你否定了他的智慧和判断力，打击了他的荣耀和自尊心，同时还伤害了他的感情。他非但不会改变自己的看法，还要进行反击，这时，你即使搬出所有柏拉图或康德的逻辑也无济于事。

永远不要说这样的话:"看着吧!你会知道谁是谁非的。"这等于说:"我会使你改变看法,我比你更聪明。"——这实际上是一种挑战,在你还没有开始证明对方的错误之前,他已经准备迎战了。为什么要给自己增加困难呢?

苏格拉底一再告诫他的门徒:"你只知道一件事,就是你一无所知。"

不会表达，你就输了

不触及对方"情感禁区"

与人交谈时，忌谈他人的隐私和对方的尴尬之事，否则会影响谈话效果，损害人际关系。如果遵循了这些"礼貌原则"不随意触及对方的"情感禁区"，则会使谈话顺利地进行下去。

寒暄客套的话谁都能说，但并不是谁都会说，一不小心，也许你就踏进了言语的"雷区"，触到了对方的隐私和短处，犯了对方的忌讳，对听话者造成一定的伤害。其实，每个人都有所长，亦有所短，待人处事的成功，一个很重要的因素就是善于发现对方身上的优点，夸奖对方的长处，而不要抓住别人的隐私、痛处和缺点，大做文章。

"揭短"，有时是故意的，那是互相敌视的双方用来作为攻击对方的武器。"揭短"，有时又是无意的，那是因为某种原因一不小心犯了对方的忌讳。有心也好，无意也罢，在待人处事中揭人之短都会伤害对方的自尊，轻则影响双方的感情，重则导致友谊的破裂。

明太祖朱元璋出身贫寒，做了皇帝后自然少不了有昔日的穷哥们儿到京城找他。这些人满以为朱元璋会念在昔日共同受罪的

第五章 思考，让表达充满智慧

情分上，给他们封个一官半职，谁知朱元璋最忌讳别人揭他的老底，以为那样会有损自己的威信，因此对来访者大都拒而不见。

有位朱元璋儿时一块光屁股长大的好友，千里迢迢从老家凤阳赶到南京，几经周折总算进了皇宫。一见面，这位老兄便当着文武百官大叫大嚷起来："哎呀，朱老四，你当了皇帝可真威风呀！还认得我吗？当年咱俩可是一块儿光着屁股玩耍，你干了坏事总是让我替你挨打。记得有一次咱俩一块偷豆子吃，背着大人用破瓦罐煮。豆还没煮熟你就先抢起来，结果把瓦罐都打烂了，豆子撒了一地。你吃得太急，豆子卡在嗓子眼儿还是我帮你弄出来的。怎么，不记得啦！"

这位老兄还在那喋喋不休唠叨个没完，宝座上的朱元璋再也坐不住了，心想此人太不知趣，居然当着文武百官的面揭我的短处，让我这个当皇帝的脸往哪儿搁。盛怒之下，朱元璋下令把这个穷哥们儿杀了。这就是令他人脸上挂不住的下场。

那么，怎样才能做到不"揭人之短"呢？

——必须通晓对方，做到既了解对方的长处，也了解对方的不足，这样才能在交际中做到"知彼知己，百战不殆"。因为每个人都会有自己的个性和习惯，有自己的需求和忌讳，如果你对交际对象的优缺点一无所知，那么交际起来，就会"盲人骑瞎马"，难免踏进"雷区"，触犯对方的隐私。

——要善于择善弃恶。要多夸别人的长处，尽量回避对方的缺点和错误。"好汉愿提当年勇"，又有谁人愿意提及自己不光彩的一页呢？特别是如果有人拿这些不光彩问题来做文章，就等于在伤口上撒盐，无论谁都是不能忍受的。

——指出对方的缺点和不足时，要顾及场合，别伤对方的面子。

——巧给对方留面子。有时候，对方的缺点和错误无法回避，必须直接面对，这时就要采取委婉含蓄的说法，淡化矛盾，以免发生冲突。

此外，许多情况下，经常有人是"常有理不见得会说话"，自己占理却总是说不到点子上。所以说要想把话说到别人的心坎儿上，除了不揭人之短之外，还要特别注意"避人所忌"。

俗话说得好："打人不打脸，揭人不揭短。"要想与他人友好相处，就要尽量体谅他人，维护他人的自尊，避开言语"雷区"，千万不要揭人之短！

展露聪明须有"度"

想在他人面前显示自己的聪明时,应该以不使他人感到过分为标准,绝对不能锋芒毕露,让他人感到难堪或受到威胁,更不可"聪明反被聪明误"!

记得古人曾经说过:"过分聪明、过分强悍的大将反而是灭家亡国之人。"从交际中的语言角度来看,这也是待人处世中的成功箴言。

南宋时期的秦桧,可以说得上是一个奸诈的无耻之徒。一个下属为了讨好上司,送给秦桧一张名贵的地毯。秦桧把这张地毯往屋里一铺,不大不小,恰好合适。秦桧由此想到,这个人太精明了,他连我屋子的大小都已测出来了,还有什么事情能瞒得了他呢?惯于在背后算计人的秦桧,怎么可能容忍别人对自己的心思掌握得如此透彻呢?因此,有了这个想法后,那个"聪明"下属的命运也就可想而知了。就连秦桧这样的超级奸诈之人,尚且不愿意下属聪明过度,更不用说其他人了。

所以说,下属与上司打交道最忌讳的一点就是,下属在上司面前卖弄自己的聪明。虽然说任何一个上司都希望自己的下属既

不会表达，你就输了

聪明能干又对自己绝对忠诚，但聪明的下属要注意：一定要把握好这个度，既不能愚笨木讷，更不可聪明过头。如果你以为千方百计显示自己的才华，便能够博得上司的好感，那就大错特错了。因为你适当地显示自己的能干，一点错也没有，岂不知任何事如果做过了头，往往会走到其反面。如果你"聪明"过度，上司就会觉得在你面前什么事都瞒不住，就会疏远你。试想一下，世上之人哪个没点个人隐私？别说高高在上的上司了，就是普通人又有谁愿意把自己的内心世界让别人完全看透，没有一点遮掩？

一般的人都会有过这样的体验：刀刃钝的刀子再怎么用力也切不下去，这是无法改变的事实；而刀刃锋利的刀子虽然很好切，但一不小心反而容易切伤自己，非得小心不可。

推此及彼，在待人处事中最好也不要锋芒毕露，以免祸起萧墙，惹火烧身。例如，你对公司的内情十分了解，当那些弄不清楚真相的人在谈论这件事的时候，其中有些人是想借机探听消息的，而你却毫无戒心，把自己所知道的内情一五一十地全说了出去。结果，本来对这件事并不十分了解的人，反而从你嘴里得到了情报。如果你恰好碰到的是别有用心的人，他再跑到上司面前去搬弄是非，让上司以为是你在随便散播小道消息，结果本来是对自己很有利的情报，反而成为自己的绊脚石，这可真是得不偿失。

看到这里，你肯定会说："这个道理不用说，我早就知道了！"但是，你是否真的能时时刻刻地记住这个原则，并且随时谨记在心呢？恐怕不尽然。

比如通常情况下，每个公司都会有能力高与能力一般的人，而主管总是喜欢把工作交代给能力比较高的人，认为能力高的人一定能够不负所托地完成任务。但是，这一类人却多半容易骄傲自满，一有了骄矜之心就容易锋芒毕露，锋芒太露的人反而容易遭人嫉妒。所以，在待人处世中，聪明的人一定懂得明哲保身之道，不随便展现自己全部的实力，让人了解自己有多少战斗力。

那么，你是否感到自己在某方面的才华锋芒毕露？别忘了宝刀不可随便出鞘的道理。因为在决斗一开始的时候，你就先亮出自己的传家宝刀，让对方一眼就看穿了你的宝刀，这一场决斗你就输定了。这时，宝刀一定要在最后关头方可出鞘，这样你才有反败为胜的机会。任何时候都不可让对方从一开始就追着你打，到最后你只能弃城投降一条路。对方越是不知道你的实力，越是不敢掉以轻心。

玩笑开的要适宜

上级握着你的"皇粮俸禄",和这样的人开玩笑不可信口开河,要思量一番。当摸到"逆鳞"时,要给其以台阶,使其顺势而下。

纪晓岚中进士后,当了侍读学士,陪伴乾隆皇帝读书。

一天,纪晓岚起得很早,进宫后等了很久,还不见皇上到来,他就对同来侍读的人开玩笑说:"老头儿怎么还不来?"

话音刚落,只见乾隆已到了跟前。因为他今天没有带随从人员,又是穿着便服,所以没有引起大家的注意。皇上听见了纪晓岚的话,很不高兴,就大声质问:"'老头儿'三字做何解释?"

旁边的人见此情景都吓出一身冷汗。纪晓岚却从容不迫地跪在地上说:"万寿无疆叫作'老',顶天立地叫作'头',父天母地叫作'儿'。"

乾隆听了这个恭维自己的解释,就转怒为喜,不再追究了。

在不协调和欠协调交际中,成功地运用自己的机智和口才,随机应变,可以化解矛盾,帮助交际者走出困境。纪晓岚正是成功地运用曲意直解,将对乾隆有不尊敬性质的"老头儿"三字,

第五章 思考，让表达充满智慧

巧释为"万寿无疆""顶天立地""父天母地"。这样不但化险为夷，而且还变辱为恭。

在生活中也难免会遇到类似纪晓岚的尴尬，自然也需要适当的方法予以弥补。

王科长下午要主持一个大型的企划会议，需要准备一些资料，于是就把这件事交给小陈去办。由于小陈处理这类事很有经验，没多久就把资料交给科长了。

王科长翻阅着资料并慎重地问："这件事上面的人很重视，资料内的数字，你是不是都详细校对过？"

不料小陈却好像满不在乎地嬉笑着说："大概不会错吧？"小陈的话说完，就见王科长把资料重重地往桌上一丢，并怒气冲冲地说："你是在干什么？怎么可以说'大概'呢？"

小陈觉得有些委屈，心想："开个玩笑也不行呀？"

明明是一句玩笑话，对方却信以为真，结果就造成说者不快、听者生气的后果。

为避免这种情况出现，一方面注意不要以对方用心思考、重视的事开玩笑，另一方面不要和个性耿直的人开玩笑，因为他们常把玩笑当真。

小陈的事例就是这样一种情形。王科长命令小陈替他准备资料，是以一种一丝不苟的心情对待，而小陈却嬉皮笑脸，毫不在乎。所以，王科长会动气发怒。

由于焦躁不安、过度疲劳、精神过于紧张等因素，也会使一个正常人的精神或肉体陷入紧绷状态，而听不下任何玩笑话。所以不要在对方有心事、没有心情的情况下开玩笑。

另外，对有强烈自卑感和被害者意识的人，也是开不得玩笑的。

如此一来，或许你会怀疑：玩笑话是说不得了吗？其实也不尽然。一般而言，玩笑话太多具有使工作场所变得活泼、化解呆板气氛的功用。问题在于我们是否看准当时对方的心情罢了。

那么，开了不适宜的玩笑以后，该怎么弥补呢？比如上面小陈的例子，既然上级已经生气了，如果他也默不作声，更容易造成对方的误解。

在情况的势头不对时，小陈应该把语气一转，用严肃和充满自信的口气说："科长您放心，这些资料绝不会有问题的。"

科长可能会问："那么，你刚才为什么说'大概'呢？"

"对不起，不过，请检查这些资料看看，一定不会有错的！"小陈说话时除了语气要有自信外，还要面带一点微笑，听了小陈的补充说明和看到他的态度后，王科长的心情和语气应该会缓和下来。

拒绝是件很难的事

没有孙悟空的能耐,不要幻想着大闹天宫,降妖捉怪。有时好想法并不代表有好结果,当他人的请求你办不到时就不要逞能。要做到有所为有所不为,万不可勉为其难活受罪。

一般来说,拒绝别人的要求也的确是件不容易的事。日本有所"说话技巧大学"的一位教授说:"央求人固然是一件难事,而当别人央求你,你又不得不拒绝的时候,亦是让人头痛万分的。因为每一个人都有自尊心,希望得到别人的重视,同时我们也不希望别人不愉快,因而,也就难以说出拒绝之话了。"

如果你不是神经极度错乱的话,就不会有这种困难。因为当你仔细斟酌之后,知道答应对方的要求将会给自己带来伤害,肯定不会为了面子上过得去,而去干违心的事。

有些请求有明显的荒谬性,但即使这样的请求,拒绝的形式也要力求婉转。拒绝的意向要表示得坚定明确,不要让对方抱有丝毫不切实际的希望。

每个学期期末考试前当老师的人,都如同过关一样难熬,原因是很多学生以各种借口或方式来打听考题,希望老师高抬贵手

不会表达，你就输了

"放风"。但这是原则问题，是绝对不能答应的。千万不能说"我们商量一下再说"或"到时候看看再说"之类模棱两可的话。每逢遇到这种情况，富有经验的老师总是这么说："我也当过学生，当学生的怕考试，古今中外莫不如此。因此，同学们的心情我完全可以理解。但是，十分抱歉，同学们的要求我是绝对不能答应的。如果在复习中有什么疑难问题，我倒是十分乐意和同学们一起研究解决。"这样做，最后并未损害师生之间的情谊。相反，如果拉不下脸面而在考试前"放风"，很可能费力不讨好。因为原来学习好的学生由于现在大家成绩都很高，便认为老师的做法埋没了他的才能；原来学习差的学生，高兴一阵后觉得这样的考试没有挑战性，也没学到多少东西，结果也很有意见。这样的教师，最后落得个"老鼠掉在风箱里——两头受气"的结局。

人是需要有点风度的，即使你是在拒绝别人。拒绝人的时候，应该努力以一种平静而庄重的神情讲话。因为在一般情况下，对于一个客气的拒绝，人们是不能非议的。

一个自己不喜欢的人请你去酒店吃饭，而你又极不愿意去。这时，如果直截了当地回绝对方："我才不和你这样的人一起出去吃饭呢！"就会令对方下不了台，也许对方请你吃饭并无恶意，相反，尽管心里一百二十个不愿意，仍然笑容满面、彬彬有礼地说："我很感谢你的盛情。不过，十分抱歉，前天有几位老同学已经约好了，所以今天我就没有福气享受你的美意了。"

由于你笑容满面，礼貌待人，再加上提出了一个对方无法反驳的理由，对方也就相信，你真的是无法和他一起吃饭了，也就只好作罢。而且由于你拒绝的时候先感谢了他,维护了对方的自尊心,对方也就不会责怪你了。

如果你想避免生硬的拒绝,可以提出一个相反的建议,但要提得合情合理。假如你的一位同事想把本来应该由他自己完成的任务转嫁到你的头上,也许你会出自本能地答道:"哎呀,你的事我可干不来。"这就不太好了,此时你不妨这样对他说:"我很愿意帮你的忙,但实在不凑巧,我手头上自己那份工作还没干完。依我看,就你的能力和素质,你是完全可以胜任的,你不妨先干起来。或许我能帮你干点别的什么?譬如说我今天要上街买东西,能顺便给你带点什么吗?"

这样,既有拒绝,又有一个相反建议,对方还能有什么好说的呢?

通常情况下,在拒绝别人的问题上还有一个误解:就是必须说明理由。实际上在很多场合下是不必说明理由的,而且理由要说起来也不一定能说清楚,或很可能被对方反驳,那就可能节外生枝,事与愿违了。

不会表达，你就输了

发问也要讲技巧

适当的提问，能迎四方宾朋，能引众人思考，能让人产生相见恨晚的感觉；不适当的问话，会得罪大众，破坏氛围，惹众人"言"诛口伐。

在与人交往的过程中，为避免恶语伤人，殃及无辜，要注意问话的技巧，只有恰当的提问，才能达到顺利沟通的目的，使交谈的局势和结果对自己有利。即使初次见面的人也不例外。有的人问话一出，便立即打开了对方的话匣子，双方相见恨晚，成了好朋友；有的人问话一出，却使对方无言以对，使场面变得很尴尬，双方只得以说"再见"收场。

一些领导到某地开会，当地习惯早餐是馒头、稀饭，再加每人一个鸡蛋。这天早晨，一个领导剥开鸡蛋，是坏的，就跟服务小姐说："给我换一个，这个鸡蛋坏了。"

不一会儿，小姐就回来了，可是忘了想换鸡蛋的是哪个人。就高声喊了起来："谁的蛋坏了？"

众领导沉默不语。小姐又喊了一句："谁的蛋坏了？"

还是没人答应。

第五章 思考，让表达充满智慧

这时，餐厅主任过来对服务员说："你这小姑娘真没礼貌，应该这样问：'哪位领导的蛋坏了？'"

忽然，餐厅主任觉得这话不对劲，赶紧又改口又高声喊了一句："哪位领导是坏蛋？"

这个故事中的服务小姐和餐厅主任都没有注意问话的分寸，结果闹出了笑话。

可见，发问也是一种说话艺术，对"拉近"双方的距离起着很重要的作用。

一家饭店招聘服务员，有两位年轻人来应聘。

第一位应聘者这样招呼光临的顾客："您好，您吃鸡蛋吗？"

顾客摆了摆手，似乎答不出来，对话就此结束了。

第二位应聘者这样招呼光临的顾客："您好，请问您吃一个鸡蛋还是两个鸡蛋？"

顾客笑着回答："一个鸡蛋。"

可见，第二位应聘者的说话策略相当成功。他在这里运用的是限制性提问。这类提问有两个特点：

一是在提问中便限制了对方可能做出的回答，有意识、有目的地把对方的思路引向提问者所希望的答案上。

二是这类提问能使对方从中感受到提问者的诚意，在心里有融洽、亲切之感，觉得盛情难却，不好意思拒绝，即使原来想拒绝，也会不由自主地改变主意，顺着问话人的意思做出答复。

这类提问一般只适用于预期目的十分明确的情况下。在对情况不是很了解又无明确目的的时候，提问的范围宜大不宜小，宜活不宜死，必须给对方的回答留有自由选择的余地。例如：

如果你在办公室上班，别人用完了扫描仪忘了关掉，你可以很随便地问一句：

"请问您现在还用扫描仪吗？"

这样就比直接说"扫描仪用完之后为什么不及时关掉"好得多。

不管怎么说，问话一定要把握尺度，在某些情况下要把握问话的技巧，不能乱开"金口"，否则会伤人无数。

| 第六章 |

批评，用表达言明立场

批评是技术,更是艺术

批评是一种技术,更是一种艺术,巧妙的批评不但能使别人接受,更能在彼此之间架起一座沟通的桥梁。恰到好处的批评能帮别人改正错误,找到自身的缺点,但批评别人时一定要注意方式方法,否则的话有适得其反的效果。

奥斯特洛夫斯基曾经说过:"批评,这是正常的血液循环,没有它就不免有停滞和生病的现象。"我们每一个人都不是生活在真空里,就像我们身上要沾染许多病菌一样,在我们的思想意识和言谈行为上,也会不可避免地出现一些缺点、错误。采取积极的自我批评,才能保证自己的身心健康。但是当我们批评别人时就没有那么容易和简单了,一定要讲究批评的方式和方法,才能达到预期的效果。

那么,采取什么样的批评方式才会取得好的效果呢?

(1) 体谅对方的情绪,取得对方的信任

这是使批评达到预期效果的第一步。"心直口快"作为人的一种性格来说,在某些方面的确可体现出它的优点,但在批评他人时,"心直口快"者往往不能体谅对方的情绪,图一时

"嘴快",随口而出,过后又把说过的话忘了,而在被批评者的心理上却蒙上了一层阴影。所以当你在批评他人时,不妨学会从别人的角度来看问题,设身处地地站在对方的立场考虑一下,自己是否能接受得了这种批评。如果所批评的话自己听来都有些生硬,有些愤愤不平,那么就该检讨一下措辞方面有何要修改之处。

(2)要有诚恳而友好的态度

批评是一个敏感的话题,哪怕是轻微的批评,都不会如赞扬那样使人感到舒畅,而且,批评对象总是用挑剔或敌对的态度来对待批评者。所以,如果批评者态度不诚恳,或者居高临下,冷峻生硬,就会引发矛盾,产生对立情绪,使批评陷入僵局。

因此,批评必须注意态度,诚恳而友好的态度就像一剂润滑剂,往往能使摩擦减少,从而使批评达到预期效果。

(3)把批评用作鼓励是最佳的批评模式

英国18世纪著名评论家亚迪森曾经说过:"真正懂得批评的人看重的是'正',而不是'误'。"这里所说的"正",实际上就是隐恶扬善,从正面来加以鼓励,也就是一种含蓄的批评,能使批评对象不自觉地改正自己的错误和缺点。可以说从正面鼓励对方改正缺点、错误的间接批评方法,比直接批评效果会更快、更好。因为这种批评方法易于被对方所接受,从而产生良好的效果。

在开展批评时,除了以上几点外,还有几个问题务必要注意。

（1）就事论事，勿伤及人格

批评他人，有什么问题就说什么问题，切勿把"陈谷子烂芝麻"统统翻出来，纠缠在一起，算总账。这样做，只能引起对方的反感。而揭对方的疮疤，甚至伤害其人格，则会容易引起对方的愤怒，应该绝对避免。

（2）具体明确，切勿抽象笼统

在批评他人之前，先要明确是就哪件事或事情的哪个方面进行批评，那么就以事实为基础，越具体明确越好。抽象笼统，"一竿子打死一船人"，别人就难以弄懂你的意思了。

（3）语气亲切，勿武断生硬

有什么样的态度就有什么样的用语。如果态度诚恳，语气也必定会亲切，让人听了心里舒服；如果态度生硬，自以为是，别人也就不会买你的账。有的人批评人时总喜欢用"你应该这样做……""你不应该这样做……"仿佛只有他的看法才是正确的，这种自以为是的口吻只会引起人的反感。

（4）建议定向，勿言不及义

批评和建议是紧密联系在一起的，批评的主要目的是希望对方能改正缺点、错误，从而向正确的方向发展，所提的建议当然应该是为对方指出方向。但有的人提的建议不具体，让人糊里糊涂，弄不明白。如有客人要来家吃饭，妻子对丈夫说："你能不能不老在那看报？"不如说："你能不能帮我摆好桌椅、碗筷，客人就要来了。"这样就从另一个角度婉言批评了丈夫的懒惰，同时给他指明了改正的方向。

第六章 批评，用表达言明立场

巧妙的批评是一门学问颇深的口才艺术，只有批评批到"点子"上，别人才能接受你的批评，批评时尽量要委婉含蓄，才能让人真心改正自己的缺点。

不会表达，你就输了

批评方式要巧妙，保护对方自尊心

西方学者马斯洛在研究人的生存需要的五个层次时，把尊严放在了较高的层次里，保护自己的自尊心不受伤害是每个人深层次的需要。很多的时候，人们在批评别人时其实是对别人尊严的挑战，很容易激发别人的反感和憎恶，所以在批评别人时一定注意保护好对方的自尊心，运用巧妙的批评方式，才能让对方乐于接受。

宋朝时有个官员叫张咏，听说寇准当上了宰相，对其部下说："寇公奇才，惜学术不足尔。"这句话一语中的。张咏与寇准是多年的至交，他很想找个机会劝劝老朋友多读些书。因为身为宰相，关系到天下的兴衰，应该有更好丰富的学识。

恰巧时隔不久，寇准因事来到陕西，刚刚卸任的张咏也从成都来到这里。老友相会，格外高兴，寇准设宴款待，在郊外送别临分手时，寇准问张咏："何以教准？"张咏对此早有所考虑，正想趁机劝寇公多读书。可是又一琢磨，寇准已是堂堂的宰相，居一人之下，万人之上，不能直截了当地说他没学问。张咏略微思考了一下，便慢条斯理地说了一句："《霍光传》不可不读。"当时寇准弄不明白张咏这话是什么意思，可是老友不愿再多说一句，言讫而别。回到相府，寇准赶紧找出《汉书?霍光传》，他从头仔细阅读，当他读到"光不学亡术，谏于大理"时，恍然大悟，自言自语地说："此张公谓我矣！"书中所描述的霍光，正是当年任过大司马、大将军要职，地位相当于宋朝的宰相，他辅佐汉朝立有大功，但是居功自傲，不好学习，不明事理。这与寇准有某些相似之处。因此寇准读了《霍光传》，很快明白了张咏的用意，感到从中受益匪浅。

寇准是北宋时期著名的政治家，为人刚毅正直，思维敏捷，张咏赞许他为当世"奇才"。所谓"学术不足"，正是指寇准不大注重学习，知识面不宽，这就会极大地限制寇准才能的发挥，因此，张咏对寇准多读书以加深学问的批评是既客观又中肯。然而，说得太直，对于刚刚当上宰相的寇准来说，面子上不好看，而且传出去还影响其形象。张咏知道寇准是个聪明人，给了一句"《霍光传》不可不读"的赠言让其自悟，何等婉转曲折，而"不学无术"这个连常人都难以接受的批评，通过一种委婉方式，使当朝宰相也愉快地接受了。张咏这一"借书言事"的妙招着实让人敬佩，他不但保护了身为宰相的寇准的尊严，也使老朋友能够从批评中醒悟，从而获益良多。寇准作为北宋名相与张咏的这一劝谏不无关系。

不会表达,你就输了

善于把握批评的艺术

俗语说:"良药苦口利于病,忠言逆耳利于行",可是到了现实生活中却不完全是那么回事了。几乎人人都爱听赞美之词,不愿意听批评之语,究其原因,主要是因为人们不懂批评的方法,不善于把握批评的艺术。

批评讲究艺术,既能达到批评的目的,又不至于伤害每个人都拥有的自尊心,批评若能做到"良药不苦口",才算是真正做到家了,以下几条原则是批评艺术的集中表现。

1. 批评要态度鲜明,忌含糊。

在决定批评内容前,先要知道自己的批评是针对哪一种行为表现的。确定了这一点,才不至于把话说得含含糊糊,也会使对方觉得你是在负责任地批评他。

批评切忌表达含糊不清。有的人因担心被人视为刻薄尖酸,用一些很委婉的语言来表达批评,如将"喜欢斗殴"说成"为赢得论点及吸引注意面诉诸体力手段";将"说谎"说成"难于区分幻想与实际";将"作弊"说成"有待进一步学习公平竞争的规则"。这样说,虽让人听得不那么刺耳,但失去了批评的语气,显得像是在调侃。

2. 换种批评方式，效果会更好。

不直接批评对方，而用打比方、举例子的办法提醒对方，促使对方解除疑虑或恐惧，提高认识改正缺点。

有时，无声的行为更甚于有声的批评。例如有一个大老板开办了许多大商店。他每天都要到商店去看看。一天他发现一个顾客在柜台前等着买东西。谁都没注意到他。售货员站在柜台的另一边正在聊天。这时，这个大老板没说一句话，迅速站到柜台后面，给顾客拿了要买的东西。他的这种行动便是对售货员的无声批评。

3. 批评的重点不在错误。

一般的批评，只是把重点放在对方的"错误"上，却并不指明对方应如何去纠正，因此收不到积极的效果。积极的批评，应在批评时，提出建设性意见，以利对方改正。被批评者也会更加认识到你批评得很有道理，心悦诚服。

4. 设身处地替对方想一想。

设身处地有两种方法：一种是让被批评者站在批评者的角度，让他想一想："如果你是我，你想想，我出了这样的错，你批评不批评？"让他换个位置来认识自己的过错。二是让批评者站在被批评者的角度，假如我是他，我对自己的过失是否已经有了很深刻的认识，甚至会主动检讨而不希望被人严厉呵斥？

双方均为对方设身处地地想一想，在作出批评与接受批评方面就容易协调起来了。批评者也就能视对方过错认识程度的深浅而把握批评程度的分寸。

5. 批评要注意场合。

某些批评本来是公正有理的，在某些情况下可能效果不错。但如果选的时间、地点不对，效果却截然相反。如果某人常常在同事面前被老板批评，他一定会感到羞辱窘迫，甚至是不满、愤怒。事后他最先想到的是同事们会有什么看法和想法，而不会注意到老板批评的内容。这样不但批评没有效果，反而会让他产生其他想法。所以，如果你希望自己的批评取得更大的效果，就应该注意说话的时间、地点，该一对一批评的就不能有第三者在场。当着不相干的第三者或众人之面直接批评某人，不仅使被批评者沮丧或气恼，还可能会使在场的每个人都感到尴尬，担心"下次会不会轮到我"，从而与你在心理上产生疏远感，等于是批评一个，得罪一群人。

6. 批评口气要尽量委婉。

被质问会给人产生一种不信任感，会把对方逼到敌对、自卫的死角。

被训斥会让人觉得低人一等，被藐视，感觉人格上受到污辱，会使对方感到很压抑、反感。

而口气温和、委婉，会使对方心理上产生内疚感，从而愉快地接受批评。批评时，态度要诚恳，语气要温和。得体的语调、表情或其他的身体语言，可以避免彼此意见沟通时的敌意。

以上几种批评的方法若运用得合理恰当，能给批评方和被批评方都带来相对平和的心态和较好的结果，反之不但会伤了和

第六章 批评，用表达言明立场

气，还有可能造成不必要的误解和分歧。批评的目的是为了问题的解决，因而批评方式的采用是为了批评目的而服务的。只有批评方式恰当而合理，别人才会欣然接受，这样的说话方式别人才最爱听。

批评的角度很重要

换个角度，从被批评者乐于接受的角度出发，其结果将往往出乎我们的意料之外。

迪肯斯经常在他家附近的一处公园内散步和骑马，他非常喜欢橡树。因此，当他看到那些嫩树和灌木，一季又一季地被一些不必要的大火烧毁时，觉得十分伤心。那些火灾并不是疏忽的吸烟者所引起的，它们几乎全是由那些到公园内去享受野外生活、在树下煮蛋或烤热狗的小孩们所引起的。有时候，火势太猛，必须出动消防队来扑灭，在公园的一个角落里，立着一块告示牌说，任何人在公园内升火，必将受罚或被拘留。但那块牌子立在公园偏僻角落里，很少人看到。迪肯斯到公园里去骑马的时候，其行为就像一位自封的管理员，试图保护公家土地。刚开始的时候，他不会试着去了解孩子们的看法，一看到树下有火，心里就很不痛快，急于要做件好事，结果却做错了。他总是骑马来到那些小孩子面前，警告说，他们可能会因为在公园内生火，而被关进监牢去。并以权威的口气命令他们把火扑灭；如果他们拒绝，就威胁叫人把他们逮捕起来。迪肯斯说他自己只是尽情地发泄某种感觉，根本没有想到他们的看法。

结果呢？那些孩子服从了，心不甘情不愿而愤恨地服从。

等迪肯斯骑马跑过山丘之后，他们很可能又把火点燃了，并且极想把整个公园烧光。

迪肯严厉的批评方式显然没有起到任何的效果，于是，他不再下命令，他骑马来到那堆火前面，说出了下面的这段话：

"玩得痛快吗？孩子们，你们晚餐想煮些什么？……我小时候自己也很喜欢生火——现在还是很喜欢。但你们应该知道，在公园内生火是十分危险的。我知道你们这几位会很小心，但其他人可就不这么小心了。他们来了，看到你们生起了一堆火，因此他们也生了火，而后来回家时却又不把火弄熄，结果火烧到枯叶，蔓延起来，把树木都烧死了。如果我们不多加小心，以后我们这儿连一棵树都没有了。你们生起这堆火，就会被关入监牢内。但我不想太啰唆，扫了你们的兴。我很高兴看到你们玩得十分痛快，但能不能请你们现在立刻把火堆旁边的枯叶子全部拨开，而在你们离开之前，用泥土，很多的泥土，把火堆掩盖起来，你们愿不愿意呢？下一次，如果你们还想玩火，能不能麻烦你们改到山丘的那一头，就在沙坑里生火？在那生火，就不会造成任何损害……真谢谢你们，孩子们，祝你们玩得痛快。"

果然，孩子们不再在树下生火了，他们接受了迪肯斯诚恳的建议。

我们在批评他人时往往会以事物本身的对错来说起,如果我们能换一个思维,从被批评者能够接受的角度出发,那么效果之好往往会出乎我们的意料之外。

第六章　批评，用表达言明立场

批评要讲究方式

忠言逆耳，良药苦口，自古已然。批评之所以被人拒绝，一般出于两种原因：其一是批评者不了解当事人的处境和造成错误的原因，使当事者感到委屈；其二是批评者采用了权威性的立场，暗示当事人行为的"笨拙"或"愚昧"性质，引起了当事者的反感。所以批评讲究方式对于批评方来说是十分必要的，这样别人才更乐于接受。

行动失误、办了错事的人，常有防卫其自我尊严的倾向。如果有人再以权威者的姿态出现，指责他的想法不够高明，行动不够周密，他的尊严将更感受威胁。这时防卫倾向会更增强，充耳不闻乃是极自然的反应。批评人时，切忌只顾自己一味发脾气，得理不让人，如不讲究批评的方法和艺术，其结果与初衷只会适得其反。

一次，李主任怒气冲冲地走进办公室，啪的一声将一份报告摔在秘书小王的桌上，办公室里的几个人同时都愣住了。李主任以为这是个惩一儆百的好机会，接着大吼道："你看看，干了这么多年，竟写出这样空洞无物的报告，送到总经理手中，一定会

不会表达，你就输了

以为我们都难胜其任！以后，脑子里多装点工作，上班时间精神振作一点。"说完，他一甩手走了，把个小王晾在那儿，尴尬异常。

过后，李主任满以为办公室的工作效率会提高，可事与愿违，大家都躲着他，布置工作，不是说没时间，就是说手头有要紧事。李主任这才略品出一点滋味，恍惚意识到此举不明智。人人都爱面子，换一种批评的方法，其结果可能就大相径庭了。

期末考试结束了，儿子伟伟除物理考得不好以外，其他成绩还不错。父母将儿子叫到跟前，和蔼地说："伟伟，你这次成绩进步了，我们很高兴。如果你继续努力下去的话，下次物理一定会考得和其他科目一样好。"

伟伟高兴地接受了这番赞扬，同时也意识到下学期要加把劲，把物理科的学习赶上去。

试想，换一种说法，加入"但是"两个字。

"……但是，你如果加强一下物理就更好了。"这很可能使伟伟怀疑赞扬之词原来是批评的"前奏"，因而产生抵触情绪，对他的学习不会有裨益的。

有时将批评寓于无声行动中，会更具有说服力。

有位司机曾经有过这样的经历：有一天他开车违章被拦截，执勤人员礼貌地递给他一张卡片，他还以为是罚款单，可接过一看，上边却印着"安全行车是您和所有家庭的幸福"的字样，他感到非常惭愧，主动认了错。他说："开车十八年，执法单位这样做，真是破天荒头一回。"这种"感化"的批评更具有魅力和人情味,使人乐于改正。在批评时,应尽可能避免损伤对方的自尊心,同时宜用诚恳的态度、平静的口吻,不含讽刺意义的词句,使对方感觉到批评后面的善意和友情,他当然不会有拒绝的理由了。

批评讲究方法和技巧,得到的结果与粗暴的批评是完全不一样的,和风细雨与急风暴雨产生的结果会完全不同,所以批评别人尽量用一些温和婉转的方法,少用急风暴雨的方法,这样的批评方式别人才爱听。

不会表达，你就输了

用智慧应对懈怠，用批评表明立场

在很多时候，我们往往有急事有求于人，但别人可能了解不到你的难处，这时如果你能用智慧来应对别人的懈怠，用巧妙批评来表明你的立场，事情往往会迎刃而解。

庄周是战国时期著名思想家，他一生过着清贫的隐居生活。一天，庄周的家里又揭不开锅了，妻子叹息着一再催促庄周出去想点办法。

庄周万般无奈，决定到他的好朋友监河侯那里去借点粮食，以解燃眉之急。

事不凑巧，监河侯正在忙于收拾行装准备外出，见到庄周连忙寒暄："多日不见，庄兄大驾光临，不知又有何见教？"庄周直截了当地讲明了来意。监河侯说："借粮之事好商量。我正要进城收租金，等我收完租金回来，再借给你300两银子，好吗？"说完，就要动身上路了。

庄周听了监河侯的回答，心里又气又急。心想，你到城里来回一趟要半月之久，等你回来，我一家老小岂不是全饿死了吗？

好在庄周的口才远近闻名，他略一思索，对监河侯说："仁

第六章 批评，用表达言明立场

兄且慢，你陪我喝完这杯茶再走好吗？"监河侯无奈，只好又坐了下来。

庄周一面喝茶，一面对监河侯说："昨天，在我离家来你处的路上，听到有呼救的声音。我四处张望，并未看到有什么异样的情况，最后，在路旁的一道曾经积过水的干水沟里，发现一条快要干死的小鱼，在那里张大嘴呼救呢。于是我问它：'小鱼呀小鱼，你从哪里来，怎么变成这个样子呢？'小鱼回答我说：'我从东海来，现在快要干死了，你能不能给我一小桶水，救我一命呢？'我回答它说：'要水吗？这好办，你等着，我去见越国和吴国的大王，请他们设法堵住西江的水，然后，把西江的水引来迎接你回东海，好吗？'小鱼听了很生气地说：'我在这干水沟里快要干死了，只要一小桶水就能活下去。如果照你的打算，等到西江水引来的时候，那就只能到卖干鱼的货摊上找我了。"

听到这里，监河侯羞得满脸通红，立即吩咐家人，到粮仓去满满地装了一袋粮食，借给庄周。庄周接过粮食，谢过监河侯，兴冲冲地回家了。

巧到"点"子上的批评，能够解决一家人的口粮问题，而下面的故事，则证明了巧妙的批评能够拯救一个国家的命运。

季梁听到魏王要攻打赵国邯郸的消息，赶去拜见魏王，说："今天我来的时候，在大路上看到一个人，正驾着车往北赶，他告诉我说，想到楚国去。我说：'你要去楚国，为什么往北走呢？'他说：'我的马好！'我说：'马虽然好，这不是通往楚国的路呀！'他说：'我的盘费多。'我说：'钱虽多，这还不是通往楚国的路啊！'他又说：'我的车夫本领高。'这几个条件越好，而离楚国的目标越远！今天大王想成霸业，须举信于天下。但你仗着国力强大、军队精锐而去攻邯郸，以此扩大土地，提高威望。大王做的事越多，离称霸的目标反而越远！这和那人要去楚国却往北走一样啊！"终使魏王改变初衷。

恰到好处的批评，小则可以挽救一家人的性命，大则可以改变一个国家的命运，巧妙批评的魅力也正在此处。

第六章 批评，用表达言明立场

建议和批评是孪生兄弟

建议和批评有时是一对孪生兄弟，当建议不成时人们往会升级到批评，但聪明的人会在建议之中巧"弹"弦外之音，以达到看似建议实则批评的效果，并让当事人心领神会。

1937年10月11日，罗斯福总统的私人顾问萨克斯受爱因斯坦等科学家的委托，约见了罗斯福，要求总统重视原子能的研究，抢在德国之前制造出原子弹。但任凭他谈得口干舌燥，罗斯福还是听不懂那些枯燥的科学论述，只是淡淡地说："这些都很有趣，不过政府若在现阶段干预此事，似乎还为时过早。"罗斯福以十分冷淡的态度回绝了萨克斯的一腔热情，萨克斯心中又着急，又生气。但罗斯福是一位颇具威信的总统，他决定的事，萨克斯作为下属不能硬顶，也顶不住。事后，罗斯福为表歉意，邀请萨克斯共进早餐。萨克斯决定利用这个难得的好机会，说服罗斯福采纳爱因斯坦等科学家们这一对美国生命攸关的建议，研制原子弹。为此，他在公园里徘徊了一夜。第二天一早，萨克斯刚落座，罗斯福就直言不讳地告诫他，不准谈原子弹的事。博学多智的萨克斯灵机一动，罗斯福虽不懂物理学，对历史肯定感兴趣。"我想谈一点历史,"他的攻势就此开始,"英法战争期间,拿破仑在陆战中一往无前,海战却不尽如人意。一天,轮船的发明者——美国人富尔敦来到了拿破仑面前,建议他把法国战舰的桅杆砍断,装上蒸汽机,把木板换成钢板。他向拿破仑保证,法国舰队肯定所向无敌。拿破仑却认为,船没有风帆不能航行,木板换成钢板必然会沉。他认为富尔敦肯定疯了,将其赶了出去。历史学家在评述这段历史时认为,如果拿破仑采取富尔敦的建议,十九世纪的历史将重写。"罗斯福的脸色变得十分严肃,沉默了几分钟,然后斟满一杯酒,递给萨克斯说:"你赢了!"

萨克斯虽然不直接谈研制原子弹,但在他的类比中表明罗斯福与拿破仑有着极为相似的共同特点:都是战争期间,都不懂物理,都面临着对一项与战争中自己军队命运攸关的新技术的选择。其用意也不言而喻:是像拿破仑那样,将新技术拒之门外而自取失败,还是与之相反?通过这一与当前形势极为类似的历史事实,使不懂物理学的罗斯福很容易地理解了研制原子弹的重要性,终于采纳了爱因斯坦等科学家的建议。

建议和批评有时是一对孪生兄弟,当建议不成时人们往往会升级到批评,但聪明的人会在建议之中巧"弹"弦外之音,以达到看似建议实则批评的效果,并让当事人心领神会的接受,这是批评中的一个相当难达到的境界,这种批评方式在不动声色之间便令对方明白了其中的含义,所以巧"弹"弦外之音的批评方式别人是乐于接受的,这种批评方式别人也最爱听。

找到易于接受的批评方式

在批评别人时，我们一要讲究方式、方法。寻找一种能让人容易接受的批评方式。否则批评就难以达到预期效果。

人在本性上都是不愿受到指责、批评的，不管你说的对不对，都可能让人不舒服，但是，批评如果注意方式方法，则能让人欣喜感慰着接受的，这就要求我们能使批评达到春风化雨、甜口良药也治病的效果。

美国南北战争时期，属下向林肯总统打听敌人的兵力数量，林肯不假思索便答："120万至160万之间。"下属又问其依据何在，林肯说："敌人多于我们三四倍。我军40万，敌人不就是120万至160万吗？"

为了对军官夸大敌情、开脱责任提出批评，林肯巧妙地开了个玩笑，借调侃之语嘲笑了谎报军情的军官。这种批评显然比直言不讳的指斥要好多了。

其实，许多时候批评的效果往往并不在于言语的尖刻而在于形式的巧妙，正如一片药加上一层糖衣，不但可以减轻吃药者的痛苦，而且使人很愿意接受。批评也一样，如果我们能在必要的

不会表达，你就输了

时候给其加上一层"外衣"，也同样可以达到"甜口良药也治病"的目的。

有一天中午，查理?夏布偶然走进他的一家钢铁厂，撞见几个工人正在吸烟，而在那些工人头顶的墙上，正悬着一面"禁止吸烟"的牌子。夏布没有直接地批评工人。

他走到那些工人面前，拿出烟盒，给他们每人一支雪茄，然后请他们到外边去抽。那些工人，已知道自己破坏了规定，可是他们钦佩夏布先生不但丝毫没有责备他们，而且还给他们每人一支雪茄当礼物，工人们觉得很高兴。

1987年3月8日，最善于布道的彼德牧师去世了。下一个星期日，艾鲍德牧师被邀登坛讲演。他尽其所能，想使这次讲演有完美的表现，所以他事前写了一篇讲演的稿子，准备到时应用。他一再修改、润色，才把那篇稿子完成，然后，读给他太太听。可是这篇讲道的演讲稿并不理想，就像普通演讲稿一样。

如果他太太没有足够的修养和见解，一定会直接说出这篇稿子糟透了，绝对不能用，因为它听起来就像百科全书一样枯燥无味。当然可以向她丈夫这样说！试想一下，这样说，后果又会如何呢？

那位艾鲍德太太，因为她知道间接批评别人的好处，所以她巧妙地暗示她丈夫，如果把那篇演讲稿拿到北美评论去发表，确实是一篇极好的文章。也就是说，她虽然赞美丈夫的杰作，同时却又向丈夫巧妙地进行暗示，他这篇演讲稿，并不适合讲道时用。

第六章 批评，用表达言明立场

艾鲍德明白了他妻子的暗示，就把他那篇绞尽脑汁所完成的演讲稿撕碎。他什么也不准备，就去讲演了。

批评时一定不能过于正面，要注意方式，如果有这个必要的话，我们不妨旁敲侧击地去暗示对方，对人正面的批评，那会毁损了他的自信，伤害了他的自尊，如果你旁敲侧击，对方知道你用心良苦，他不但接受，而且还会感激你。所以批评时换一种别人易于接受，乐于接受的说话方式，是一种再妙不过的说话技巧了。

"当头棒喝"的必备条件

委婉的批评方式能获得多数人的接受和赞扬,但当头棒喝法有时也能起到同样的效果,只是这种方法必须要一个"理"字,必须要有一片赤诚之心,批评的对象必须要有足够的度量,唯有这三点都具备,你的批评才能够奏效。

中国历史上有大名鼎鼎的"四大美人",殊不知,与之对应的是中国历史上也有不为大多数人所知的"四大丑女",战国时的无盐便是其中一位。

这位无盐的丑女,长相奇丑无比:眼睛深陷,鼻孔朝天,大喉头,黑皮肤,头发稀疏,驼背粗脖,长相之丑堪称冠绝古今。虽然无盐才识渊博,颇有见识,仅就才学来说堪称巾帼英豪,但她的"尊容"却让人们避而远之,已经三十多岁了,仍旧"待在深闺人未识"。

但这并未影响到无盐,她依旧刻苦学习,博览群书。她看到齐宣王整天只知道饮酒作乐,沉湎于后宫佳丽之中,非常担心他荒废朝政,因此很想规劝齐宣王。

这一天,无盐来到王宫门前,对守门的卫士说道:

"请给大王禀报一声,就说齐国嫁不出去的丑女无盐前来求见,愿意给大王做个嫔妃。"

齐宣王闻报,心中不觉好笑,愿给自己做嫔妃不说是国色天香,也必然会有几分姿色,不知何方女子敢如此狂妄?可是,她居然声称自己是"嫁不出去的丑女",有意思。于是齐宣王下令:

"传她进宫!"

等到无盐来到大殿。文武大臣见了她的"尊容",无不掩面而乐。心中纳闷:如此奇丑无比的人也敢自愿给大王作嫔妃,这不是取笑大王吗?触怒大王是要杀头的,众人不禁又为无盐捏了一把汗。

齐宣王见到无盐这副"尊容",也哭笑不得。好在那天心情不错,便问无盐:

"我的宫中已经不缺嫔妃了,你想到我宫中,那你一定有什么特殊的能耐了?"

无盐直率地回答:"那倒没有,只是会点隐语之术。"

不等齐王问话,无盐便举目咧齿,手挥四下,拍着膝盖,高声喊道:"危险了,危险了!"反复地说了四遍。

齐宣王不解地问道:"这是何意?"

无盐解释道:

"举目是替大王观察烽火的变化,咧齿是替大王惩罚不听劝谏的人,挥手是替大王赶去阿谀奉承之徒,拍膝是要拆除专供大王娱乐的渐台。"

"那么你的四句'危险了',又是何意?"

不会表达，你就输了

"今大王统治齐国，西有强秦之患，南有强楚之仇，外面有三国之难，朝廷上又有许多奸臣，而大王您又只爱阿谀奉承之徒。您百年之后，国家社稷就会不稳，这是第一个危险。

"您大兴土木，高筑渐台，聚集大量金银珠宝，搞得百姓困顿不安，怨声载道，这便是第二个危险。

"贤明者隐居在山林，阿谀奉承者在左右包围着您，奸邪的人立于朝堂，想规劝您的人却见不到您，这是第三个危险。

"您每天夜以继日地饮酒作乐，只图眼前享乐，外不修诸侯之礼，内不关心治理国家，这是第四个危险。所以，我才说'危险了，危险了！'"

齐宣王感到眼前的这位丑女实在不简单，讲的全都是治国安邦的大道理，而且，句句切中要害，他想到无盐讲的四条"危险"，不由得不寒而栗，长叹一声说："无盐批评的真是太深刻了，我确实处于危险的境地。"

于是，齐宣王立即按照无盐的劝谏，停渐台，罢女乐，退谄谀，选兵马，讷直言，经过一段时间的励精图治，齐国便逐渐强大起来。同时，齐宣王觉得无盐是个不可多得的人才，便纳她为王后。

无盐以直陈利弊，当头棒喝的批评方式使齐宣王从迷梦中清醒过来了。虽然这种批评之语没有阿谀之辞好听，却使齐宣王如获至宝，可见，批评之语如果言辞恳切，句句在理，依然能得到别人的喜爱，这种说话方式别人依然爱听。

第七章

"谎言",用表达传递善意

不会表达，你就输了

用"谎言"给人铺台阶

当别人做错事或说错话时，聪明的人会给对方一个巧妙的台阶，让他能顺着这个台阶走下来。这样对别人对自己，都是一个不错的选择。这种说话方式别人就没有不爱听的道理了。

一家百货公司的一位顾客，要求退回一件外衣。她已经把衣服带回家并且穿过了，只是她丈夫不喜欢。她解释说"绝没穿过"，要求退换。

售货员检查了外衣，发现有明显干洗过的痕迹。但是，直截了当地向顾客说明这一点，顾客是绝不会轻易承认的，因为她已经说过"绝没穿过"，而且精心伪装穿过的痕迹。这样，双方可能会发生争执。于是，机敏的售货员说："我很想知道是否你们家的某位成员把这件衣服错送到干洗店去。我记得不久前我也发生过一件同样的事情，我把一件刚买的衣服和其他衣服一起堆放在沙发上，结果我丈夫没注意，把这件新衣服和一大堆脏衣服一股脑儿塞进了洗衣机。我怀疑你是否也会遇到这种事情——因为这件衣服的确看得出已经被洗过的明显痕迹。不信的话，你可以跟其他衣服比一比。"

第七章 "谎言",用表达传递善意

顾客看了看证据知道无可辩驳,而售货员又为她的错误准备好了借口,给她一个台阶——于是顺水推舟,乖乖地收起衣服走了。

售货员的话说到顾客心里去了,使她不好意思再坚持。一场可能的争吵就这样避免了。

有一位老师曾遇到过这样一件事:下课了,有位学生向老师反映,昨天她爸爸作为生日礼物送给她的一支黑色派克钢笔不见了。老师巡视了一下全班同学的表情,发现坐在那位女同学旁边的那位学生神情惊慌,面色苍白。可想而知,钢笔十有八九就是她拿的。当面向她指出吧,又苦于没有充分证据,搜身吧,又不近情理。这位掌握有一定攻心技巧的老师想了想说:别着急,同学,肯定是哪位拿错,黑色的钢笔实在太多了,互相拿来拿去是经常发生的事。只要等会儿她看清楚了,一定会还给你的。"果然,下课以后,那位拿了钢笔的同学趁旁人不在的时候,迅紧把钢笔送还到那位女同学的笔盒里去。

人们通常会为谎言寻找各种借口,你若想戳穿对方的谎言,不仅必须使他相信你,而且必须懂得如何把他从自我矛盾中解救出来,说得他心服口服。

以善意的谎言来对待"真实"的谎言,是一种高超的语言艺术,也是一种巧妙的做人准则。用"谎言"巧妙地给人铺台阶下,对人对己来说是再恰当不过地方式了。

不会表达,你就输了

甜蜜的"谎言"能让你收获颇丰

甜蜜的"谎言"有时能沁人心脾,这种说话方式运用得巧妙时,能让你在某些场合收获颇丰。

俗语有这样两句:"逢人短命,遇货添钱。"假如你遇着一个人,你问他多大年龄了,他答:"今年50岁了。"你说:"看你先生的面貌,只像30岁的人,最多不过40岁罢了。"他听了一定喜欢,这就是所谓的"逢人短命"。又如走到朋友家中,看见一张桌子,问他花多少钱买的,他答道:"花了40元。"你说:"这张桌子,一般价值80元,再买得好,也要60元,你真是会买。"他听了一定也很喜欢。这就是所谓的"遇货添钱"。人们的习性既是这样,所以自然而然地就生出这种公理。

美国费城电力公司有一个叫威伯的推销员,他曾到农村去推销用电。走到一家阔气的人家,户主是个上了年纪的老妇,一见是电力公司推销电的,就把门紧闭了。威伯一看事情不妙,便说:"很抱歉,打扰了您,也知道您对用电不感兴趣。所以,我这次来不是做生意的而是买鸡蛋的。"老人消除些疑虑,便把门打开一些,探出头来将信将疑地望着威伯,威伯又继续说道:

第七章 "谎言",用表达传递善意

"我看见您喂的道明尼克种鸡很漂亮,想买一打新鲜的鸡蛋回城。"

听到他这么说,老人家把门开得更大一些,并问道:"你为什么不用你的鸡蛋?"威伯充满诚意地说:"因为我的鸡下的蛋是白色的,做蛋糕不合适,我的太太就要我来买些棕色的蛋。"

这时候,老妇人走出门口,态度很温和地跟威伯聊起了鸡蛋的事。但威伯这时便指着院子里的牛棚说:"老人家,我敢打赌,您丈夫养的牛赶不上您养鸡赚钱多。"

老妇人的心被说乐了,的确如此,但是她丈夫总不承认这个事实。于是她将威伯视为知己,带他到鸡舍参观。威伯能说会道,说的话句句入耳,并说,如果能电灯照射,产的蛋会更多,老妇人好像忘记了刚才的事,反而问威伯用电是否合算。当然,她得到了完满的解答。两个星期后,威伯在公司收到了老太太交来的用电申请书。

如果威伯开门见山要老太太买电器,一定会触动老太太的倔脾气。而推销员威伯采取了曲线表达。用买鸡蛋的托词,打开老妇人的心扉,然后以拉家常的方式,说一些恭维的话,很自然地扯到了用电的问题,说明用电灯照射,产的蛋会更多。威伯的巧言妙语取得了老妇人的信任,使她主动要买威伯的东西。

有时,甜蜜的"谎言"能起到决定性的效果,在适当场合能让你收获颇丰。

不会表达，你就输了

高明的无效回答

无效回答看起来让人莫名其妙，摸不着头脑，但实际上是一种高超的回避核心问题的谎言，这种谎言的高明之处在于对方明知你在撒谎，却又找不到任何证据和理由而无可奈何。

在人际交往中，常会遇到一些难以回答，不便回答或不愿意回答的问题。如果坦白地答一声"不知道""无可奉告"这不仅使对方难堪，破坏气氛，而且使自己显得无风度，没涵养，没水平。这时，最巧妙的办法是使用无效回答。

所谓无效回答，就是用一些没有实际意义的话去做些实质性的回答，推诿搪塞，答了等于没答，而别人又不能说没答。例如：

一男士遇一女士："喂，小李，听说你病了，什么病？"

"不是什么大病。"

"那到底是什么病？"

"一点小病。"

显而易见，这位男士可能是真的关心这位女士，但却失礼，因为两性间毕竟是有区别的。在这种情况下，小李机警地做了无

第七章 "谎言",用表达传递善意

效回答,非常得体。

生活中,无效回答用得较多的词儿是"没什么"和"不清楚"。

"喂,听说你们经理交桃花运啦?"

"不清楚呀。"——好事者无可奈何。

无效回答的方法和策略多种多样,常见的有以下几种:

1. 守势的(消极的)含混回答。

2. 积极的答非所问。

我国一位涉外工作者到澳大利亚工作时,一澳大利亚人问他:"你爱澳大利亚吗?"这位同志觉得答"爱"与"不爱"都不合适,于是答道:"澳大利亚的袋鼠挺可爱。"这类答复一般用于那些不便于具体肯定与否定的问题。

3. 歪答有些荒唐和强人所难的问题,不必硬着头皮去找正确答案,干脆将"错"就"错",或者偷换概念,歪打正着,这样倒会取得好的效果。

据说,一外国人问中国有多少厕所,答:"两个,一个是男厕所,一个是女厕所。"——既然你的提问违反常情,让人难堪,我何不也让你哭笑不得?

4. 消极地回避。

直接说出对方不得不承认的避答理由,使双方均不难堪。一次,一位外国记者在中央美术馆和大家谈"女模特儿具有为艺术献身精神"的话题时,问其中的一位女画家:"假如让你当人体模特儿,你愿意吗?"公开说"愿意"吧,对一个青年女性非易事;说"不愿意"吧,又是自己打自己的嘴巴。于是,这个聪明的女画家说:"这是我的私事,不在采访之列吧?"解脱了窘境,且自然而有道理。

5. 诱导对方自我否定。

一次,美国前总统罗斯福的一位朋友问他在加勒比海小岛上建立潜艇基地的计划。罗斯福小声问他的朋友:"你能保密吗?朋友脱口而出:"能。"罗斯福接过来道:"我也能。"显然,罗斯福巧妙地设计了圈套,诱导对方说出自己不想回答的原因,而表面上又是在回答。

无效回答看起来让人莫名其妙,摸不着头脑,但实际上是一种高超的回避核心问题的谎言,这种谎言的高明之处在可对方明知是你在撒谎,却又找不到任何证据和理由而无可奈何。

第七章 "谎言",用表达传递善意

用好假设法

假设和谎言有时只有一步之遥,用好假设法,即使别人知道你的"谎"之所在,只要你是善意的,别人也不会去责怪你。

美国推销专家贝格曾经用这一方法获得过巨大的成功。

一天,贝格遇到一次难得的大买卖。一位朋友告诉他,纽约的一位制造商正为人寿险询价,金额高达25万美元,另外还有10个大公司的总裁打算买人寿保险。他问法兰克是否有兴趣前往一试。法兰克当然愿意了,立即请他提供一次会面的机会。几天之后,朋友打电话过来,说他已为法兰克安排妥当,时间定在次日上午10:45。接下来,法兰克开始琢磨自己该做什么。他决定准备一些问题,这些问题要让购买者明白自己的需要到底是什么。法兰克冥思苦想,花了将近两个小时的时间,弄出了14个问题。他把这些问题按逻辑顺序排列起来,弄成一个系列。

次日早晨,他乘火车前往纽约。一路上,对这14个问题翻过来,调过去,琢磨个透彻。车到纽约,他已激动得快飞起来。他信心充足,决定冒个险。他给纽约最大的一家体检中心打了个电话,请他们为即将会面的、尊贵的客户安排一次体检,时间定在11：30。

终于到了向往已久的办公室。秘书小姐打开门，向她的老总通报："博斯先生，贝格先生从费城前来求见您，他与您约好的时间是10：45。"

博斯先生说："是的，让他进来。"

于是，法兰克开始了与博斯先生的谈话。

"博斯先生，您好！"

"你好，贝格先生，请坐。不过我想你是在浪费时间。"

"这怎么说？"

博斯指了指桌子上放的一堆文件说：

"我已将有关人寿险的计划送给了纽约所有的大保险公司。这些公司中有三个是我的朋友开的。有一位与我是莫逆之交，我每周六、周日和他一起打高尔夫球，这人经营着纽约人寿保险公司，业绩相当不错。"

"世界上没有一家公司能比得上那家公司。"

"事实就是这样，如果你非要向我推销人寿保险，你可以以我46岁的年龄、25万金额做一个周密的方案，然后寄给我。几个星期后，我会将你的方案与已有的几个方案进行比较。倘若你的方案又好又便宜，我就让你做成这笔生意。不过，我认为你在浪费自己的时间，同时也浪费我的时间。"

"博斯先生，如果您是我的亲兄弟，我必然坦诚相告。我干保险这一行也有多年了，如果您是我的亲兄弟，我就真心地奉劝您赶紧把那些所谓方案的破玩意儿扔到废纸篓里去。"

第七章 "谎言",用表达传递善意

"此话怎讲?"

"首先,您要想自己解释那些方案,您就得让自己成为一名保险统计员,而这要花费您7年的时间。而且,世事无常。今天您选择的是一家价格低廉的保险公司,但5年之后它可能成为价格最高的一家公司。当然,供您今天选择的都是些世界一流的公司,您把这些公司的方案放在桌子上,闭着眼睛随便拿一份,价格好像都很低廉。这与您花上几周的时间精挑细选的结果几乎完全相同。您为什么浪费自己的时间呢?我愿意帮助您尽快作出选择。为此,请您允许我向您提一些问题好吗?"

"可以!你问吧。"

"可以这么说,在您有生之年,那些保险公司信任您,但您百年之后,他们会像信任您一样信任您的公司吗?您看不是这样吗?"

"不错,正是这样。"

"您买保险是为了什么呢?事实上唯一重要的是把您的危险转移给保险公司一方。倘若您半夜醒来时忽然想到农场里大片农作物的火险昨天就已到期,您还能睡得着吗?您只盼着天亮。次日早晨您做的第一件事就是打电话给您的保险经纪人,让他保护您农场的作物。是这样吧?"

"当然了!"

"其实,人比财产更重要。您难道不认为自己买一份人寿保险更加合算吗?您不认为应当将风险降到最低程度吗?"

"这倒没想过。不过,你说的也有可能。"

"如果您还没有买这样的人寿险，万一发生不测，您不但没了收益，还得搭上大笔钱财。您想是这样吗？"

"何以见得？"

"我今天早上约好了纽约最有名的一位医生卡克雷勒先生，他做出的体检结果是每个保险公司都承认的。可以说，只有他做的体检结果才适用于25万的保险单。他的诊所应有尽有，您尽管放心好了。"

"难道别的保险代理做不了这些吗？"

"他们在今天上午是做不了的。博斯先生，您得尽快认识到这次体检的重要意义。您想一下，您今天下午给那些保险代理人打电话让他们立刻为您安排体检的情况。首先，他们会找一个平平常常的医生，因为这人是他们的朋友。那位医生来您的办公室为您做第一次检查，即使检查结果可在当晚寄给一个主管医生，那人一看这要冒25万美元的风险，必须安排第二次体检。而他们又得为此准备必要的仪器，这意味着什么？时间在一天天地流走，您的金钱也一天天地流走。您怎么愿意拖延一周，哪怕只有一天呢？"

"噢，我还是好好考虑考虑。"

"假设您明天早晨突然感冒，嗓子发痛，咳嗽不止，为此躺了一周。当您病好后去做令人难受的体检，保险公司会说博斯先生，瞧您现在是没事儿，可考虑到您的最近病史，我们得附加个小小条件，就是再观察您三四个月以便确认您的病是急性还是慢性。这成什么啦？博斯先生，您得一直耗下去，没完没了地拖下去。您看，我说的这些可能发生吧？"

"当然可能了。"

"博斯先生，现在是 11：10，我们若能现在动身，赶去赴卡克雷勒的约会，还不会错过 11：30。您看上去气色很好，如果体检一帆风顺，您所买的保险 48 小时后就会生效。我相信您觉得不错。"

"啊，我现在的感觉棒极了！"

"这次体检对您是最重要的，对吗？"

"贝格先生，您在为谁做保险代理？"

"当然是您了！"

博斯先生抬起头来，点了一支烟，从办公桌旁站起来，走到衣帽架前拿了帽子，说道："咱们走吧！"

接着便去卡克雷勒医生的诊所。体检很顺利。做完了之后，博斯先生似乎成了贝格的朋友，一个劲地请贝格同他共进晚餐。吃饭时，他笑着问："您是哪家保险公司的？"

一次成功的推销源于近乎"圈套"的"谎言"，请记住，善意的谎言别人永远不会责怪你。

撒谎也要有智慧

以善良为初衷的谎言,即使被别人知晓,也不会有人去责备你,相反会得到尊敬和赞美,善意的谎言别人最爱听。

撒谎也要有"心计",因为你面对的可能是高智商的商人,如果没有特别设计,你的谎言可能就不会成功,让我们看看哈伯博士的一段经典"谎言"是如何做的。

已故的哈伯博士原来是芝加哥大学的校长,也就是他那一时代最好的一位大学校长,他喜爱筹募数额庞大的基金。

一次,哈伯先生需要额外的一百万美元来兴建一座新的建筑。他拿了一份芝加哥百万富翁的名单,研究他可以向什么人筹募这笔捐款。结果他选了其中两个人,每一个都是千万富翁,而且彼此都是仇恨很深的敌人。

其中一位当时是担任芝加哥市区电车公司的总裁。哈伯博士选了一天的中午时分——因为,在这时候,办公室的人员,尤其是这位总裁的秘书,可能都已外出用餐了——悠闲地走入他的办公室。对方对于他的突然出现,大吃一惊。

哈伯博士自我介绍说道:"我叫哈伯,是芝加哥大学的校长。

第七章 "谎言",用表达传递善意

请原谅我自己闯了进来,但我发现外面办公室并没有人,于是我只好自己决定,走了进来。

"我曾多次想到你,以及你们的市区电车公司。你已经建立了一套很好的电车系统,而且我知道你从这方面赚了很多钱。但是,每一想到你,我总是要想到,总有一天你就要进入那个不可知的世界。在你走后,你并未在这个世界上留下任何纪念物,因为其他人将接管你的金钱,而金钱一旦易手,很快就会被人忘记它原来的主人是谁。

我常想到提供你一个让你的姓名永垂不朽的机会。我可以允许你在芝加哥大学兴建一所新的大楼,以你的姓名命名。我本来早就想给你这个机会,但是,学校董事会的一名董事先生却希望把这份荣誉留给 x 先生(这位正是电车公司老板的敌人)。不过,我个人在私底下一向欣赏你,而且我现在还是支持你,如果你能允许我这样做,我将去说服校董事会的反对人士,让他们也来支持你。

今天我并不是来要求你作成任何的决定,只不过是我刚好经过这儿,想顺便进来坐一下,和你见见面,谈一谈。你可以把这件事考虑一下,如果你希望和我再谈谈这件事,麻烦你有空时拨个电话给我。再见,先生!我很高兴能有这个机会和你聊一聊。"

说完这些,他低头致意,然后退了出去,不给这位电车公司的老板表示意见的机会。事实上,这位电车公司老板根本没有任何机会说话,都是哈伯先生在说话,这也是他事先如此计划的。他进入对方的办公室只是为了埋下种子,他相信,只要时间来

不会表达，你就输了

到，这个种子就会发芽，成长壮大。

果然，正如他所预想的那样，他刚回到大学的办公室，电话铃就响了，是电车公司老板打来的电话。他要求和哈伯博士定个约会，他获得准许。第二天早上，两人在哈伯博士的办公室见了面，一个小时后，一张一百万美元的支票已经交到哈伯博士的手上了。

为了清楚地层示哈伯先生的说服别人的高明之处。我们不妨再来做这样的假设，他在和那家电车公司老板见面后，开头就这样说："芝加哥大学急需基金来建造大楼，我特地前来请求你协助。你已经赚了不少钱，你应该对这个使你赚大钱的社会尽一分力量才对（也许，这种说法是正确的）。如果你愿意捐一百万美元给我们，我们将把你的姓名刻在我们所要兴建的新大楼上。真是这样，结果会如何呢？

显然，没有充分的动机足以吸引这位电车公司老板的兴趣。这句话也许说得很对，但他可能不愿承认这一事实。

哈伯博士的高明之处就在于，他以特殊的方式提出说词，而制造出机会。他使这位电车公司老板处于防守的地位（似乎是哈伯在给他帮忙，而不是有求于他）。他告诉这位老板说，他（哈伯博士）不敢肯定一定能说服董事会接受这位老板想使他的姓名出现在新大楼的欲望，因为，他在那位老板脑中灌输了这个念头：如果他不予捐款的话，他的对手及竞争者可能就要获得这项荣誉了。

以善意为初衷的谎言，人们不会去责备，相反会得到尊敬和赞美，善意的谎言别人最爱听。

善意的谎言是高级智慧的体现

"杯酒释兵权"是历史上经典的"谎言"对"谎言"的案例,双方都彼此心知肚明却又彼此得益,谎言的作用可见一斑。

你给别人设计一个厉害的平台,让他们自己去选择,这样就可以牢牢地操纵他们,让自己的想法得到实现,保证事业畅通无阻。宋太祖就是采用这样的谈话方式,"杯酒释兵权",加强了中央集团,巩固了自己的统治。

五代乱世,谁拥有实力强盛的兵力,谁就可以当皇帝。其中禁军的向背,往往成为政权兴亡的决定性因素。后唐明宗李嗣源、末帝李从珂,后周太祖郭威都是由于得到禁军的拥戴登上皇位的。宋太祖即位前,曾协助郭威夺取政权,后来由于战功卓著,军职步步高升,直至被任命为殿前都点检,掌握了禁军最高指挥权。宋太祖利用自己的威信和所处的优越位置,轻而易举地取代了后周政权,当上了宋王朝的开国皇帝。"兴亡以兵",对于宋太祖而言,算是亲身体验了一番。宋太祖不愧为义气之辈,即位后不久,为了酬谢部下的拥戴之功,特地晋升了一批亲信为禁军的高级将领。

不会表达，你就输了

但宋太祖是个明白人，这些手握重兵的高级将领终究是自己皇位的潜在威胁。太祖即位之初的一段时间里，只要听说节度使尤其是边镇节度使有"谋反"的迹象，他都要派人前往侦察，探听虚实，看是否有谋反迹象，以便采取措施。这从一个侧面表明宋太祖对手握兵权的武将很不放心。

事实上，宋太祖在赏赐这些将帅拥戴之功的同时，就已逐步采取措施抑制他们兵权的过分膨胀，重要军职频繁换人，并借机罢黜一些将领的兵权。平定李筠叛乱后，命令韩重汗代替张光翰为侍卫马军都指挥使，罗彦环代替赵彦徽为侍卫步军都指挥使。第二年，殿前都点检、镇宁节度使慕容延钊罢为山南东道节度使，侍卫亲军马步军都指挥使韩令坤罢为成德节度使。侍卫亲军马步军都指挥使由石守信兼任，太祖自己担任过的殿前都点检从此不再除授，这个职位等于自行消灭。实施这些军职的人事变动，意在安排自己的心腹和亲信担任最重要的职位，像韩重汗、石守信是太祖义社十兄弟的成员。不过，对宋太祖来说，军权都掌握在自己的心腹和亲信手里，是不是就算高枕无忧了呢？

宋太祖之所以转瞬之间夺取了政权，靠的正是自己一帮亲信兄弟的拥戴。登上皇帝宝座的宋太祖一方面不能亏待了这帮兄弟，另一方面也不能不时刻提防着他们。怎样安排，才能即使他们心悦诚服地拥护太祖加强集权，又不至于引起怀疑而发生意异和变乱呢？宋太祖曾一再就这些问题反复斟酌，思考采取何种措施解决，以免重蹈前代"兴亡以兵"的覆辙。

宋太祖开始施展他那功力不小的说话手段了。

第七章 "谎言",用表达传递善意

这年七月初的一天,宋太祖如同往常一样,招来石守信、王审琦等高级将领聚会饮酒。酒酣耳热之际,宋太祖打发走侍从人员,无限深情地对功臣宿将们说:"我如果没有诸位的竭力拥戴,绝不会有今天。对于你们的功德,我一辈子也不能忘记。"

说到这儿,宋太祖口气一转,感慨万端,说:"然而做天子也太艰难了,真不如做个节度使快乐,我长年累月夜里都不能安安稳稳睡觉啊!"将领不知宋太祖真实意图,就问:"陛下遇到什么难事睡不好觉呢?"

宋太祖平静地回答说:"其实个中缘由不难知晓,你们想想看,天子这个宝位,谁不想坐一坐呢?"

石守信等人听到昔日的结义兄弟、今日的天子说出这番话来,不禁惶恐万分,冒出一身冷汗,宴会的气氛立即紧张起来,他们赶紧叩头说:"陛下怎么说出这样的话呢?如今天命已定,谁还敢再有异心!"

宋太祖接过话头说:"不能这样看,诸位虽然没有异心,然而你们的部下如果出现一些贪图富贵的人,一旦把黄袍加盖在你们身上,你们虽然不想做皇帝,办得到吗?"

与会将领这才转过弯来,终于明白了宋太祖的真实意图,于是一边涕泣大哭,一边叩头跪拜,说:"我们大家愚笨,没有想到这一层上来,请陛下可怜我们,给我们指出一条生路。"

宋太祖见状,知道时机成熟,趁势说出了自己经过深思熟虑的想法:"人生短暂,转瞬即逝,就像白驹过隙,那些梦想大富大贵的人,不过是想多积累些金钱,供自己吃喝玩乐,好好享受一番，并使子孙们过上好日子，不至于因缺乏物什而陷入贫穷。诸位何不放弃兵权，到地方上去当个大官，挑选好的田地和房屋买下来，为子孙后代留下一份永远不可动摇的基业，再多多置弄一些歌女舞女，天天饮酒欢乐，与之一起愉快地欢度晚年。到那时候，我再同诸位结成儿女亲家，君臣之间互不猜疑，上下相安，这样不是很好吗？"

石守信等人听太祖这样一说，惊慌恐惧之态逐渐消失，感恩戴德之情油然而生，于是再次叩头拜谢说："陛下为我们考虑得如此周全，真可谓生死之情。骨肉之亲啊！"

第二天，石守信等功臣宿将，纷纷上书称身体患病，不适宜领兵作战，请求解除军权。宋太祖十分高兴，立即同意他们的请求，解除了他们统帅禁军的权力，同时赏赐给他们大量金银财宝。这些功臣宿将都罢黜了军职，只剩下一个徒有虚名的荣誉头衔——节度使。

宋太祖实施的这一成功解除功臣宿将统帅禁军权力的事件，史家称之为"杯酒释兵权"。宋太祖没有沿用历史上一些君主惯用屠杀功臣的办法来解决问题，是因为他对那些同自己一道出生入死、患难与共的兄弟们的友情尚未泯灭，不好遽然对他们大开杀戒。采取这种和平方式让他们交出兵权，是各位将领在感情上愿意接受的，既有利于安定人心，巩固统治秩序，又有利于进一步强化军权的集中，推进军事改革的深入。否则，这些将领就不会轻而易举交出兵权，那样可能导致流血冲突。

宋太祖说话算数，履行了与功臣宿将结为亲家的诺言。在

"杯酒释兵权"之前,太祖寡居在家的妹妹秦国大长公主(燕国长公主)嫁给了忠武节度使高怀德。张令铎罢军职为镇宁节度使,太祖亲自牵线搭桥,让张令铎的三女儿做了皇弟赵光美(廷美)的夫人。开宝三年(公元970年),太祖长女昭庆公主下嫁王承衍。两年后,太祖的第二个女儿延庆公主下嫁石保吉。王承衍、石保吉何许人也,何能做皇帝的女婿,原来他俩分别是曾与太祖结为兄弟并在"黄袍加身"过程中起过重要作用的高级将领王审琦、石守信之子。

与功臣宿将结为亲家,一方面显示彼此亲密无间,另一方面隐藏着同舟共济的美愿。太祖这样做,显然是出于政治因素的考虑,这种政治婚姻有利于新建立起来的政权迅速趋于稳定。

宋太祖的"杯酒释兵权"成就了历史上的一次经典的"谎言"对"谎言"的案例,双方都彼此心知肚明而又相互得益,有时善意的谎言能给彼此都带来好处,这是一种高级智慧的体现。